Breaking through Gridlock

The Power of Conversation
in a Polarized World

なぜこの人はわかってくれないのか

対立を超える会話の技術

ジェイソン・ジェイ
ガブリエル・グラント
樋口武志 訳

英治出版

Jason Jay & Gabriel Grant

私たちの子ども
ヴィクラム、ユマ、アリアナ、そしてマデリンへ

他人との格闘を戦争といい
自分との格闘を平和という
——ハズラト・イナーヤト・ハーン

BREAKING THROUGH GRIDLOCK

The Power of Conversation in a Polarized World

by

Jason J. Jay, Gabriel Grant

Japanese translation rights arranged
with Berrett-Koehler Publishers, California
through Tuttle-Mori Agency, Inc., Tokyo

なぜこの人はわかってくれないのか　目次

序文（ピーター・センゲ） 13
まえがき――本書の成り立ち 17

イントロダクション 25
本書の使い方
真面目な遊び 27
エクササイズについて 31

1 会話の機能不全 35
いかにして行き詰まるか
会話の力 38
いま、この場所から 44
リアルで生きた会話に焦点を絞る 46

「パワープレイ」は関係の強化にはつながらない 53
「フレーミング」は未知の対立した状況で機能不全に陥る 55
「オーセンティシティ」から始めよう 60
可能になること 61

2 行き詰まりを抜け出すカギ
オーセンティシティ（あるいはその欠如）

63
過去との一貫性は行き詰まりを生む可能性がある 66
動的なオーセンティシティは未来に焦点を置く 67
動的なオーセンティシティはチームスポーツだ 73

3 会話から透けて見える思考
自分の見え方を知る 79

自身のあり方は心のなかの会話と結びついている 83
人のあり方は共通している 86
自身の心のなかの会話を解き明かす 91
自分のあり方は見えにくいもの 98
あり方は見る人次第で変わる？ 102
あり方とオーセンティシティ 103

4 行き詰まった会話から得ているもの
エサを特定する 107

行き詰まりは自業自得 113
落とし穴――行き詰まりへとつながる心のなかの会話 116
エサの特定は行き詰まりから抜け出すのに役立つ 123
エサはたいてい正しさ、善、揺るぎなさ、安全性を含む 125

落とし穴の見取り図を作る 130

5
事実による説得を超えて
真の望みを恐れずに伝える
135

内発的動機を知る 140
本当に求めているものを表現する 155
新しいあり方を体現する 167

6
会話に命を取り戻す
話し始める
173

謝ることの力 179
様々な反応に出合う 190
結果には行動が必要で、行動にはコミットメントが必要 191

7
違いこそが変革を生む
緊張関係を受け入れる
197

価値観を明確にする 200
人の価値観は関心圏を軸にして形成される 201
対立を認める 206
価値観は政党によって違う 210
視野を拡張する 215
新しい領域でダンスする 222

8
対立を超えた会話
輪を広げる
227

全体の会話を変革するには探究の共有が必要 232
どんな社会運動にも核心的な緊張関係や落とし穴がある 233
「現実主義かビジョナリーか」の緊張関係は、
すべての社会運動に存在する 236

運動自体も集団としてエサや落とし穴にはまる 241
「正しさ」を手放す 243
「善」を手放す 244
「揺るぎなさ」を手放す 246
「安全であること」を手放す 247
自分の活動の核にある可能性を発見する 251
前進への道すじはまだ見つかったばかり 261

謝辞 271
参考文献 279
原注 285

エクササイズ

1 どんな行き詰まりを突破したい？ 28
2 行き詰まっている会話を特定する 48
3 自分にとってオーセンティシティとは？ 64
4 自分にとってオーセンティシティとは？（続） 71
5 パートナーを選ぶ 75
6 口にされない心のなかの会話 92
7 自身のあり方を特定する 96
8 口にされた会話 100
9 行き詰まりの代償 115
10 落とし穴を認識する 122
11 罠のなかのエサを認識する 128
12 落とし穴の見取り図を作る 130
13 なぜその取り組みは自分にとって大事なのか？ 142
14 自分がどんな動機を伝えているか（いないか）を知る 150
15 自分の真の望みを思い描く 156
16 新しいあり方をつくる 159

17 誘導瞑想 161
18 問題を新たな枠組みで捉える 169
19 新しい会話を築く 177
20 手紙を書く 188
21 会話のコミットメント 192
22 自分の価値観、相手の価値観 204
23 自分の価値観、相手の価値観（続） 214
24 一次元の会話を超えて 220
25 価値観や目標の二者択一を乗り越える
アイデアのブレインストーミング 223
26 自分の活動のなかの核心的な緊張関係 240
27 集団としてのエサを特定する 248
28 共に未来を思い描く 253
29 活動の中心的会話を変革する 258
30 自分と自分の活動の道すじを築く 264
31 行動に移す 266

序文

会話の時代は終わったという人もいるかもしれない――ここまで分極化が進んでしまったら、会話で成し遂げられることなどほとんどないのだと。いまは勝つか負けるかの世界で、私たちが求めているのはとにかく自分たちの側が、どちら側であろうとも、確実に勝つことだ。それはつまり自分たちは戦争状態にあり、すべてはどんな戦術をとるかにかかっていると言っているに等しい。

だがそれは誰との戦いなのだろう？　世界の根深い問題――気候変動、生物種の減少、深刻な格差、世界中の無職で不満を抱える若者たち、社会不安、富を増やす反面やりがいのある仕事を奪っていく経済――は、「敵対する相手」が生み出したものではない。自分たち自身が生み出したものである。私たちの生き方は、人間や、この小さな惑星を共有している他の生態系の豊かな暮らしの基盤を作り出すものになっていない。人間同士の争いで、どちらが勝つか負けるかにはほとんど意味がなく、どちらの側が追いかけているものも絵空事にすぎない。私たちは無意識のうちに、すべての人類や生命にとって有益な真の前進の代わりに、激情や、怒りや、不安を生んでいる。

私はこのことに多くの人びとが気づきつつあると確信している。その人びとは世界を変えねばならないと知っている。有限の惑星において無限の物質的成長は不可能であること、そしてむやみに物質的成長を追い続けると、物質的なパイの「取り分」を個人や国同士で奪い合う不健全な競争を生むばかりであることを知っている。そしてそれは「自分たちVS相手」の問題ではないことにも、ある程度は気づいている。それは「人類はどんな未来を築きたいのか」という問いをめぐるこれからの「私たち」の問題だ。皮肉なことに、こうした気づきによって余計、事態が悪化することもある。自分が必要だと思うことと実際に起こっていることのギャップが広がってしまうからだ。

こうした現実に直面すると、人は基本的にみな同じ選択をする。支配権争いのなかで自分の支持する形での前進を追い求めて「奮闘」を続けるか、反対に自分が「変化」するかだ。しかしここでいう変化とはどのようなものであり、「あきらめること」とはどう違うのだろうか。まず、それは自分の信じるものに対する働きかけを止めることではなく、違った角度から働きかけようとする試みだ。簡単に言えば、真の変革をするうえで直面する外部の障害と内部の障害を認識することだ。内部の障害に目をつぶって外部の障害だけを取り除こうとしても、得られるのは幻想の前進のみで、それは内部の障害だけに向き合っても同じことである。本質的な選択肢としてはどちらにも取り組むか、どちらにも取り組まないかだ。必要なのは、内省と実践の姿勢をもって、効果的な行動を取りながら「同時に」意識を高めていくこと、つまり「外にある」問題に対処しながら、同時に「内にある」障害を見つけていくことだ。

結局、自分や相手の子供たちにとってより良い世界を築こうという取り組みは、目的意識を持っている場合、日々すべてのやり取りにおいて行われているものであるため、目の前の会話へいかにアプローチするかが大切になる。偉大な物理学者ヴェルナー・ハイゼンベルクは「科学は会話に根ざしている」と言ったが、同じことは社会変革にも当てはまる。私たちの目的は勝つことだろうか、学ぶことだろうか。会話はたがいのつながりを強め、可能性へと導くようなものになっているだろうか、あるいは妨害するものになっているだろうか。生じるかもしれない未来のために行動しているだろうか、それとも過去のお決まりの思考や行動に縛りつけられているだろうか。

こうした抽象的な問いへと向き合うにあたって、本書の著者であるジェイソン・ジェイとガブリエル・グラントは、指導と実践的サポートを見事に融合させている。二人は真の変革が意思の変化だけでは起こらないことを知っている。真の変革にはつねに実践が伴う。つまり日々の物事に取り組むなかで、自分の気づきを広げていくすべを持っている必要があるということだ。二人はまた、その変革への旅が決して一人きりのものでなく、仲間と共に歩むものであることも知っている。現代の大いなる難題に向き合うにあたって、頭と心をオープンにするために何が必要なのかは、協力して見つけていくものなのだ。

神経科学者が「ストレスのもとでは、脳の働きが低下する」と言うのはその通りなようで、ストレスによって私たちの振る舞いはずいぶん原始的かつ習慣的なパターンに立ち戻っている。全体にそういう傾向があることは疑いない。こうした機能低下は世界中で目にすることができる。私たちが直面している大きな問題へ対処するにあたって真の前進があるとするなら、たがいに耳を傾け、心から語り合い考え合う力を回復させることが極めて重要になるだろう。

二〇一六年一二月二六日　ＭＩＴスローン経営大学院　ピーター・センゲ

まえがき

本書の成り立ち

思い返してみてほしい、最後に意見の合わない相手と真剣な会話を持とうと試みたときのことを。その会話はどれほど上手くいっただろうか?

政治や社会、環境に関する問題が行き詰まっている場面を思い浮かべてほしい。そういった状況に踏みこむことができるようになったら、どうなるだろう? 難しい会話だったとしても、自分自身に忠実でありながら相手との関係を強化し、効果的な新しいアイデアや結果を生み出すことができるとしたら?

大学四年生のローラは、友人たちと学生最後のバカ騒ぎをするため海辺の観光地へと向かっている。仲間とともに、大学四年間を美しく締めくくり、目前に迫る卒業を祝うのだ。ビーチでの三日目、友人のひとりが地球温暖化についての科学情報を信じていないと言う。彼女は驚きのあまり息を呑み、彼を非難する。その後の三日間は全員気まずい雰囲気だ。のちに、このときを振り返って、彼女は自分の姿勢こそが二人の関係を傷つけたのであり、相手を説得して考えを変えてもらえるようなものではなかったと気づく。彼女は友人に謝ると同時に、気候変動についての考えや思いを余すところなく伝えた。その新しい会話が二人の関係を修復し、相手にこの問題を見つめ直してもらうための道を拓いた。

ケヴィンは若手の事業開発マネジャーで、急成長を見せる再生可能エネルギー技術企業に勤めている。彼は業界全体を革新し得る新しいアイデアに出合い、胸を躍らせる。情熱とエネルギーをみなぎらせ、会社の新しいオーナーが抜擢した元ベンチャーキャピタリストの新ＣＥＯのオフィスへと直行する。そして自分では人生で最も説得力があると思えるプレゼンテーションをする。だがそのうちＣＥＯの冷めた表情から、何かが決定的に上手くいっていないことに気づく。しばらくあがいてみるものの、もはや歓迎されていないことを悟り、静かに引き下がる。拒絶されたように感じ、この会社は自分に合っていないんじゃないかとすら考え始める。しかしあらためて振り返ってみて気づく。ＣＥＯが関心を持っていて、よく口にする収益性という観点からアイデアをどう語れるか、考える時間を取らなかったことが原因だったのだと。そうして練り直したプレゼンは上手くいった。会社は新しいサービスモデルを立ち上げ、世界各地で再生可能エネルギーの導入を加速させている。

健康的な暮らしに情熱を燃やすミカエラは、母親を言いくるめて肥満解消に取り組んでもらおうと何度も試みていた。そのたびに、二人の会話は言い争いやケンカや失望へと発展していく。あるときミカエラは自分の敵対的なスタンスがこの問題の原因なのだと悟る。そして自らのスタンスを変え、これまでは母に協力的というよりも自分の正しさを主張することに躍起になっていたことを認めた。彼女は母親をスーパーへ連れていき、一緒に献立を考えることにした。それまで一年以上一緒に食事をしていなかったが、その週は三度も夕食を共にした。

こうしたことは、あまり頻繁に起こることではない。たいていの場合、何かの課題を前進させようとする善意の試みは、アイデアや優先順位やイデオロギーが対立する騒がしい交通渋滞によって行き詰まる。その行き詰まりを突破し、自分自身や人間関係や世界にとって本当に大切な結果を生み出すことは稀である——しかしときに、そうした結果が生まれることがある。私たち著者二人は、会話の力でより良い世界を築いていくエピソードが大好きだ。本書を執筆したのは、そうした会話をもっと増やしたいからであり、それを後押しする手段を持っているからである。

私たちの旅

本書は著者たち自身のエピソードや、内省、学び、そして実験の集積として始まった。私たちはどちらも、学生活動家として、組織のコンサルタントとして、そして大学の教員として、より良い世界を目指して取り組んできた経験がある。その過程で生産的に関与することができなかったこともあるし、家族や同僚たちを巻き添えにして迷惑をかけたこともあった。そうして損なった関係性を修復できたときもあるが、ただ行き詰まり、政治や社会や環境問題をめぐる対立を深めるばかりのときもあった。

時を経るにつれ、私たち二人はこうした状況から抜け出して大きな成功へとつなげる方法を学んでいき、他の人びとも同じように成功するためのサポートを依頼されるようになった。ジェイソンは、これまでにバイオジェン、ボーズ、ロッキード・マーティンといった様々な業界のシニアリーダーたちが、社内の障壁を乗り越えてサステナビリティ戦略を前進させる支援をしてきた。一流のビジネススクールであるMITスローン経営大学院で、少数の情熱的な学生と教員たちがはじめた「サステナビリティ・イニシアティブ」を、学校全体の戦略基盤へと発展させたこともある。彼はMITスローンの学生を数多く感化し、彼の活動がきっかけでサステナビリティに関わる仕事についた学生もいる。ガブリエルは保守的な組織が環境保護に取り組むための連携体制を築いてきたほか、自身も共同創設者であるバイロン・フェローシップを通してアメリカ内外でチェンジ・リーダーたちのコミュニティを発展させてきた。PwC、スターバックス、ホールフーズ、ニューベルジャン、サステナブル・ブランド、リテール・インダストリー・リーダーズ・オブ・アメリカ、グリーンビズといった企業や組織と連携して、リーダー研修も行ってきた。

初めのうちは、人前で私たち二人の経験を振り返っていた。どの部分で成功し、どの部分では失敗したか。そのうち、周りからは「カリキュラム」を求められるようになったので、それを作ることにした。意見の違う相手と真の会話をし、サステナビリティや社会正義などをめぐる「内輪だけの会話」を乗り越えるためのワークショップを始めたのだ。私たちはその方法論を独自に育んでいき、他の人びとも活用可能なものに仕上げた。このカリキュラムはコーネル大学やミシガン大学など、数々の大学のコースに組み込まれており、仲間の教員らは私たちの成功体験が人に教えられる再現可能なものであることを示してくれている。そして一五〇以上の大手ブランドでも、部長や取締役などを含む環境・社会・経済のサステナビリティの担当者たちとワークショップを行ってきた。二人合わせて、二〇〇〇人ほどのサステナビリティ推進者にコーチングをしてきた。

ワークショップの参加者は若手の活動家からベテランのリーダー、学生、企業の重役まで多岐にわたる。参加者が惜しみなく語ってくれた体験のおかげで、私たちは活動における落とし穴を認識するための独自の視点を手に入れた。参加者たちの成功エピソードからも、行き詰まりや対立から抜け出す道を見つけ、理解や合意や創造的な行動へ進む方法を学んだ。私たちの取り組みは環境保護に関わる活動に焦点を当てて始まったものの、サステナビリティや、社会正義や、公衆衛生におけるより広範で「進歩的な」運動をサポートするものに発展している。

私たちが辿り着いた本質的な教訓があるとすれば、それは会話には筋書きなどなく、議論を前へ進めることのできる特定の会話術などないということだ。「行き詰まった会話」から抜け出すのに必要なのは、「言うべき正しいこと」を見つけることではなく、より根本的な変革、つまり自分のあり方を変革することだ。対立や行き詰まりは、特定の視点や考え方やあり方に固執する限り続いていく。人が行き詰まりを突破するのは、自分を解放し、自身の考えや行動パターンを拡張するときだ。自分が本当に望む未来を把握し、その未来に見合った姿勢やあり方をつくる。そこから、言葉や会話が自然と流れてくる。そのプロセスを通して、私たちは未開の領域を上手く進んでいくことができる。相手の抵抗に心から向き合える。自身の価値観に忠実でありながら、相手の価値観との緊張関係から生み出される新しいアイデアを探究することができる。失敗しても、気を取り直して会話を先へ進めていくことができる。

本書で扱う「行き詰まり」とは、よく語られているような意味での漠然と何かが上手くいっていないという現象のことではない。ほとんど対話が起こらないような、思想や政党の異なる人びとのあいだで起こる政治的な行き詰まりや対立。組織や官僚主義的な構造のなかで、優先順位や課題が異なる人びとが何とか協力して行動しようと腐心しているときに起こる行き詰まり。そういった類のものだ。どのようなケースでも、行き詰まりを抜け出す第一歩は会話にある。そして私たちが発見したのは、会話の最高のトレーニングの機会が、夕食の席や休日の集まりといった最も身近に起きる行き詰まりの瞬間にあるということだ。

イントロダクション

本書の使い方

これはあなたのための、そしてあなたがこの世界で成していくことのための本だ。フィールドガイドであり学習帳でもある。各章にはエクササイズがあり、内省や自分の弱さをさらけ出すことが必要なちょっとした作業を求められる。しっかりと続けていけば、自分にとって最も大切な問題についてどんな相手とも効果的にコミュニケーションをはかれるようになるだろう。会話の力を活かして、対立や行き詰まりを創造的な結果や強固な関係へと変革する手助けとなるはずだ。

続く各章では、「活動」や「リーダーシップ」や「オーセンティシティ」という概念に対して新たな視点を投げかけていく。自分自身の会話や、行き詰まっている瞬間、そして誰もが陥る普遍的な落とし穴について振り返ってもらう。数々のエクササイズは自身にとって大切な会話を変革するきっかけとなるだろう。それから、その新しいアプローチを、自分の組織内や、より大きな運動に活用していく後押しをする。

誰もがそういった会話をするようになれば、大きな問題を解決し、より良い未来を共に築くことができるだろう。その歩みを通して、世界を良くしていくことができる。家族や、コミュニティや、組織内の身近な関係を強め、自分が何を目指し、何を成し遂げようとしているかを再確認することになるからだ。

真面目な遊び

この旅へと参加してもらうにあたり、読者には「真面目な遊び」という心持ちでいてもらいたい。矛盾した言葉に聞こえるかもしれないが、ふざけているわけではない。

「真面目な」というのは、自身の経験を詳しく振り返るための集中力と、自身の失敗の要因に向き合う勇気を持ってのぞんでほしいということだ。

「遊び」にはいくつかの意味合いがある。一つめは、真面目になりすぎるなということだ。あまり真面目になりすぎると、内省は批判や絶望などへと迷い込む可能性がある。社会や地球が終わりを迎えてしまう、しかも全部自分たちのせいで！　自分の欠点や人間性を省みるにしても温かな思いやりを持ってした方が、はるかに集中力や勇気を持続させやすい。実のところ、自分自身を気軽に笑い飛ばせるときというのは、何かを学んで成長したという自覚があるときなのだ。

遊びの二つめの側面は、「一緒に」行うものだということだ。各人が直面している複雑な状況は、自分だけの特別な状況というわけではない。つまずく落とし穴も、自分専用に作られたものなどひとつもない。私たちが行うワークショップや本書の利点のひとつは、自分がひとりきりではないのだと気づくことにある。

本書は、周りを巻き込んで手を貸してもらった方がより効果的で、より楽しいものになる。著者二人のどちらも、周囲の手助けや、自分と向き合うことをサポートしてくれた人物との取り組みがなければ、個人的な変革はなし得なかった。第二章の終わりで、この旅に同行してくれるパートナーを探してもらうことになるので、適当な人物をいまから考えておいてほしい。

それではまず、シンプルなエクササイズからはじめよう。本書が自分の生活のどんな部分を探究する助けになるかを考えてみてほしい。

エクササイズ1

どんな行き詰まりを突破したい？

本書を通して使う紙かノートを用意してください。時間をとって、次の三つのリストを作ってみましょう。

リストは1から順に作っていき、それぞれのリストのあいだには少しスペースを残しておいてください。リスト2や3を書き終えたあとで、リスト1に書くこと思い出すかもしれません。

リスト1：自分はどのような問題に情熱を傾けている？

大きな地政学的難題でも、家の電気をつけっぱなしにしないでほしいといったシンプルな話でも、大小どんなテーマでもかまいません。仕事や、ソーシャルメディアや、社会集団を通して自分が積極的に関わっている問題や、そこまで関わってはいないけれども深く懸念している問題をリストにしてみましょう。

ブレインストーミングのきっかけとして、次のような問いを考えてみるといいかもしれません。

- 自分が脅威から守りたいと思うものは？
- 支持しているのはどのような価値観？
- 家庭、組織、コミュニティ、国家、あるいは世界に対してどんなビジョンを持っている？

リスト2：どのような会話が対立や行き詰まりに終わっている？

リスト1で挙げた問題を誰と語り、議論し、言い争っていますか？誰が対立の「こちら側」で、誰が「あちら側」でしょうか？こうした議論はいつどこで起こっていますか？（夕食の席、フェイスブック、オフィス、あるいは学校の食堂など）

リスト3：どんな会話を、行き詰まるだろうからと避けているだろう？

リスト1で挙げた問題に対する自分の考えを「理解してくれないだろう」と思う相手は誰でしょう？

リスクが高すぎてこうした問題や自分のアイデアを話すことができないと思う相手は？　リスクには「何となく嫌だ」という気分から「激しい仕返し」といったものまで幅広く含まれると考えてください。

エクササイズについて

こうしたエクササイズは、本書を読んでいくなかで適切と思われるタイミングで載せている。でてきたら、読書の手を止めて取り組んでほしい。それが本書を読むうえでの一番のアドバイスだ。一連のエクササイズは、ひとつひとつの答えが次のエクササイズの基礎となるように作られている。多くはワークショップで使っているものをそのまま載せたものだ。ワークショップを通して、成果を最大化させるべく、何度も改良を重ねてきたものである。一部は本書のために特別に作ったもので、テストユーザーたちと共に伝え方や成果に磨きをかけた。

これらのエクササイズを入れたのは、行動することが重要だからだ。会話することなしに会話の力の活用法を学ぶことはできない。本書を読んだだけでも考え方に影響があったと言ってくれる人もいる。しかし、エクササイズをやれば、成果を生む考え方を手にするだけでは終わらず、実際に成果が生まれる可能性が高くなる。すべて終えるころには、将来にわたって活用できるスキルが身につき、自分と目標を共有している人に教えることだってできるようになるだろう。

エクササイズを行うことで、自身の思い描く結果を生むことができるようになるはずだ。ワークショップ参加者のひとりは、こうした内省の作業を仲間と行い、勇気を持って会話を変革した。彼女はこう振り返る。

私はベジタリアンになって何十年も経ちます。ときどき中断しながらも基本的には熱心にやってきました……。そういう人生の選択は一人で暮らしているときは行いやすいものです。でも去年、私はMBAを取得するために経済的負担を減らすべく、母親の家に戻りました。私の家族はイラン人で――つまりベジタリアンでいるのがとても難しいのです。食事はだいたいチキンかビーフのケバブとラム肉いっぱいのシチューだから。

引っ越してからも、家族をベジタリアンにするつもりはありませんでした。私はただサステナブルな方法で人道的に育てられた肉や動物性食品を買うことの重要性を説こうとしただけです。でもその主張さえ通じませんでした。ワークショップでのエクササイズを通して、原因は自分が感情的で責めるような言葉を発していたからだと気づきました。

ワークショップの次の日、おばが朝食用に卵を焼き、私にもよそってくれようとしました。私は檻で飼われたかわいそうなニワトリについての講義をぶちそうになりました。でもそうする代わりに、丁重に卵を断りました。おばはどうしてと言いました（私が半熟卵を大好きなのを知っているから）。

その食事の前に、私たちは中国で感じた不安について意見を一致させたところでした。

おばは昔仕事で中国へ定期的に行っていて、いつも少し不満を抱えて帰ってきていました……。友人や家族にちょっとしたお土産を買って帰るのも大切なことではあるけれど、こんなに安価で売るためにどんな作られ方をしているのかを考えると恐ろしい。私たち二人は安い土産の小物を買うことへの不安について語り合っていました。

こんなにも早く「会話」の瞬間がやって来るとは思っていませんでした――でも突然、これがきっかけになると気づいたんです。母も会話に耳を傾けるなか、私はおばに中国で安物を買うのと同じ不安が、安物の食品を買うときにもあるのだと説明しました。はじめて、彼女がハッと理解した目になったのが分かりました。

私の言い分だけでなく、家族の言い分を語り合う会話が始まりました。その会話の最後に、おばは私にどうやって買うべき肉を見分ければ良いのか尋ねてきました。

次の日、家に帰ると冷蔵庫のなかには放し飼いでできた卵と有機牛乳がありました。母が買い物に行っていたのです。すごく驚きました。

イントロダクション　まとめ

● 本書はフィールドガイドであり学習帳だ。成果が実証されたエクササイズの数々が、読者に伴走する。

● しっかりと続けていけば、自分にとって大切な問題について誰とでも効果的にコミュニケーションをはかれるようになる。

● 「真面目な遊び」という心持ちで取り組んでもらいたい。勇気を持って自身の失敗の要因となっている部分に向き合い、自分のことを笑い飛ばし、そのプロセスを楽しもう。

● **やること**：自分自身に問いかけよう。どんな行き詰まりを突破したい？

・自分はどのような問題に情熱を傾けている？

・どのような会話が対立や行き詰まりに終わっているだろう？

・どんな会話を、行き詰まるだろうからと避けているだろう？

1

会話の機能不全

いかにして行き詰まるか

朝起きてニュースを見ると、いまもこの先も世界が数々の大問題に直面していることがよく分かる。遠くの国の人びとや隣の住民が日々の暮らしに困っている。肥満や飢餓がある。干ばつや洪水があり、火事や嵐がある。ニュースからは、雇用や次なる奇跡的なイノベーションを生み出す企業の話、そして次なる環境災害、社会的搾取、民主主義の機能不全についても聞こえてくる。それからコーヒーをこぼしたりして（あるいは子供がこぼしてしまい）、服を着替えて仕事へと急ぐ——今日もまた人生を生きに向かう。

自分たちの子供、孫、そして世界中の人びとの未来をめぐっては、考えねばならないことがたくさんある。それぞれの問題はたがいに絡み合っているようだ。そうした問題は「社会正義」「公共安全」「サステナビリティ」または「公衆衛生」といった言葉で括って語られるかもしれないが、こうした言葉はどうしようもなく抽象的に感じることもあるだろう。それらの問題についてちょっと立ち止まって考えてみると、根本的な問いが浮かび上がってくる。最も差し迫った難題とは何だろう？　難題となった理由は何だろうか？　どう対処するべきだろう？

何より大きな問題のひとつは、思うに、問題自体の性質や対処法についての**共通認識が著しく欠如している**ことだ。

何が対処すべき重要な問題であるかは人によって考えが違う。市場や政府にどれほど支援の力があるかも人によって見解が異なる。科学や聖書のような真理を追究する手段との付き合い方も人によって違う。現状認識さえ異なることも多く、ましてや望むものや目的達成の手段も違う。そしてニュースでは行き詰まりや対立を目にする——しばしば、自分たちのコミュニティや組織のなかでも。

では何ができるだろう？　どうすれば行き詰まりを突破し、合意を形成することができるだろう？

草の根の地道な合意形成が必要かもしれない。けれども「そんなことしてる時間あるの？」と心配になるはずだ。問題は切迫している。

働きかける対象を重要な意思決定者に絞るべきなのかもしれない、すぐに事態を変えることができる力を持った地位にいる人びとに。

あるいは志を同じくする人びとを集めて、投票したり、寄付したり、ボイコットしたり、責任を持った購買をしたり、嘆願したり、組織や政策を代表する人物に口を利いてもらうといった行動に導くべきなのかもしれない。

どの行動にもひとつの共通点がある。それは人と会話をするという点だ。

会話の力

セザール・チャベスは移民の農業労働者で、アメリカの偉大な公民権活動家のひとりだ。ある学生が彼にどうやって運動を組織化したのかと尋ねたことがある。セザールは答えた。「まず、誰かひとりと話すんだ。それからまた別のひとりと話す」。「そういうことではなくて、どうやって組織化するんですか?」。学生は食い下がった。セザールは繰り返した。「まず、誰かひとりと話すんだ。それからまた別のひとりと話す」[1]

日常の生活のなかで個々の人と直接つながることで、相手を動かしてこちらの志に賛同してもらうことができる。相手は自分の家族のなかにも、近所にも、組織にも、市場のなかにもいる。情熱や見解に通じるものがあって、自身の活動へと引き入れたくなるような相手との会話もあれば、興味を持っていないからこそ、関心を持ってもらいたくなるような相手との会話もある。議論して意見を変えてもらいたくなるような「別党派」の相手との会話もある。会話の力を活用するとはつまり、こうしたそれぞれの機会をしっかりと活かすということだ。

会話というアプローチに懐疑的な人にはよく出会う。「一対一の会話が格差や気候変動のように体系的な大問題の対処とどうつながるんだ?」「大企業のCEOなら会話にも影響力があるかもしれないが、わたしの会話にはない」。もしあなたの脳裏にもこうした考えがよぎったなら、これから紹介するメリッサ・ギルダースリーヴと彼女の母親ジョイス・ラヴァルの会話を見てみてほしい。ジョイスはカーペットメーカー「インターフェイス」の地域担当営業マネジャーだった。

ジョイスはウォーレン・ウィルソン大学に通うメリッサが実家に帰ってきた日の出来事を次のように振り返っている。

スーパーから帰ってきたところだったんです。その店はレジ袋を導入したばかりで、私はメリッサに言いました。「これ最高じゃない？　腕にかけられるし、同時にいくつも運べる。すごいイノベーションね」。メリッサはそれはもう怒りをあらわにしました。「本当に最高だね、それを褒めるってことは地球や私の未来のことを全然考えてないってことだけど」。目を見開かされるような瞬間でした。私は何も知らなかったのです……。レジ袋が何でできているのかも、処理が大変であることも。ゴミ箱に捨てたらそれで終わりというわけにもいかないということも。会話の連鎖はメリッサをきっかけに始まりました。

ポール・ホーケンの『サステナビリティ革命』[2]を読んだメリッサがこう言いました。「これを読んでみれば分かるよ、ママ。私はゴミの廃棄場について調べてて見学にも行ってる……カーペットがどれくらい廃棄場の面積を占めてるか知るべきだよ。しかも分解されるわけでもないし」。これもまた大きな気づきでした。自分の仕事と、その副産物として生まれている害が頭のなかでつながったのです。メリッサはその本を送ってくれました。「これを読んで、理解して、会社にも知ってもらってよ。何かを変えていかなきゃ」と言って。メリッサは私がインターフェイス社で働いていることを知っていて、私がこの問題に対処することができる、あるいは少なくとも議題に挙げることができると思ったようです。

ジョイスはゴミ廃棄場のカーペット問題に対して自分に何かできるのか定かではなかった――この種のことを話し合っている人間は会社に誰もいなかった――しかし彼女は営業部長なら、CEOレイ・アンダーソンのオフィスに入る機会があることを知っていた。ジョイスはホーケンの本を部長に送り、いつも綺麗に片付いているレイのデスクの隅に置いておいてもらえないかと頼んだ。

レイはこの本を読み、「取って作って捨てる」というビジネスモデルの問題点を知った。その結果、彼は最も早い段階から熱心に環境問題に取り組む社長のひとりとなった。レイ・アンダーソンの書くこと、話すこと、そして社内での取り組みは、サステナブル・ビジネス全体を前進させてきた。[3]

ジョイスは言う。「私はメリッサと約束したことを最後までやり抜こうとしただけなんです。それが何らかの変革に結びつくとは、深く考えていませんでした」。自分の会話がどのような結果を生むかはたいてい予想がつかないものだ。その結果を目にするには数十年の時を要することだってある。

自分のことを社会変革に向けて取り組む活動家やまとめ役だと見なしたがらない人もいる。これを読んでいるあなたも、社会変革ではなくもっとささやかに、家族やチームが持つ習慣や振舞いをそっと後押しして、より健康で主体的になってもらうといったことをしたいのだと思っているかもしれない。あるいは単に自身が行動することで「変化を体現」したいと思っているかもしれない。しかしながら、経験上、どのルートを取るにしても会話が必要になる。自分のやっていることについて会社の仲間や家族と会話を持つことになる。周囲に精神的支援を呼びかけることになる。周りを感化するために自分のしてきたことを伝えたくもなるだろう。そうした会話を効果的なものにすることによってはじめて、私たちは自分の目標を達成することができる。そしてその過程で、自分自身との会話も持つことになる。

以降の章は、こうした会話、つまり私たちが向かっていく未来についての、そして私たちが作りたいと望んでいる未来についての会話をいかに進めていくかをめぐるものだ。

そうした会話を避けたり諦めたりすることが多いのは、それらが上手くいかずに終わると思っているからだ。友好的な食事の席になるはずが政治をめぐる言葉の応酬となってしまったことがあり、議論が紛糾しすぎるようなトピックは採り上げない方が良いと学んだことがあったのかもしれない。仕事仲間、近所の人びと、配偶者、自分の両親や義理の両親にも、自分にとって大切な問題に関わってほしいと思う一方で、自分が働きかけても効果がないのではないかと不安になっているのかもしれない。誰もが「だから家族の集まりで政治の話はしない方がいいと学んだんだ」とか「だから仕事仲間には自分の価値観を語らないんだ」という言葉を耳にしたり口にしたりしたことがある。そして対立が発生すると、相手にしてやられまいと自分を守ってしまう。

皮肉なのは、こういった難しさを、どんな政治的立場の友人や親戚も共通して抱えているという点だ。FOXニュースやグレン・ベックの番組にチャンネルを合わせることを好んでいようが、NPRや「デモクラシー・ナウ!」を視聴することを好んでいようが、対立している陣営のことは、バカげていて、自分たちとあまりにかけ離れていると感じてしまうものだ。

私たちの経験上、対立とは両者の考えがどれほど左右に開いているかが問題なのではない。対立とは、異なる価値観を包み込む健全なコミュニケーションや会話が機能不全に陥るときに起こる。

同じ組織のなかですら価値観の異なるグループが存在することもあるだろう。たとえば、社会的インパクトに焦点を当てるグループと、経済的パフォーマンスを重視するグループだ。両グループの境界を越えて取り組もうとして、会話が望む方向に進まなくなることは多い。そしてより多くの場合、むしろ会話自体が避けられてしまう。難しい会話で衝突や炎上をしたとしても、そうした会話を完全に避けたとしても、待っているのは同じ結果だ。周りにいるのは元々意見を共にしていた人びとだけとなり、そこから抜け出せなくなるのである。「了解済みの意見」を、仲間内やSNSで語り続けて強固にしていってしまう。[4]

大きく、差し迫った問題は、これでは解決できない。意見を共にする人びとと語り合うだけでは、貧困や人権侵害を食い止めることはできない。地球の気候変動も、生息地の減少も、水質汚染も、意見が同じであることが明白な環境活動家たちだけで手を組んでいては解決できない。肥満問題だって公衆衛生の活動家の仲間内から外に手を伸ばさなければ解決できない。こうした問題はどれも、個人が新しい習慣を築くことから、公共政策を改革するイノベーションにいたるまで、あらゆるレベルで大きな変化を要する。それにはいまより遥かに多くの支援者たちが必要になる。そして多くの場合、自分には荷が重いのではないかと感じる。変革を起こし得る会話のなかで、自分にとって一番大切なものを効果的に伝えるのはかなり難しいことのように思える。

本書の目的は、新たな可能性を切り開くことだ。会話の力を利用することで、行き詰まりを突破し、対立を目標達成につながる原動力へと変えることができる。

いま、この場所から

どうすればこうした規模の大きな行き詰まりや対立を一対一の会話のレベルへと落とし込んでいけるだろう？　自分が行き詰まってきた場面を振り返りながら考えてみよう。

まず、「行き詰まる」という言葉を定義しよう。それは、定めた目標が達成されることのないまま繰り返し行動を起こす（あるいは避ける）ということだ。

人は必ずしも自分が行き詰まっていると自覚しているとは限らない。用意していた戦略が効果を発揮しないときは、もう一度試したり、さらに懸命に努力してみようと思うかもしれない。何度も同じことを語ったり、説明を試みたりするかもしれない。それから、アプローチを修正して、少し違った言葉遣いを用いるかもしれない。外部からソースや事実や考えを持ち込んでくるかもしれない。何度も同じことを言い続けては、「何であいつらは分かってくれないんだ？」と思うかもしれない。あるいは自分自身を責めて、「あの人たちに上手く伝えるすべなんてあるのだろうか」と考えるかもしれない。

本書の旅のどこかの時点で、諦めてしまうこともあるかもしれない。自分の目標は追求するに値しないと思い込んだり、あるいは、自分が話しかけている相手にとっては価値のないことだと思い込んでしまうこともあり得る。自分自身にこう言うかもしれない、「次に移る潮時だ」。だが、もしそう思っているなら、本書をここまで読み進めていないはずだ。認めてしまおう。あなたは自分の目標を大切にしているのだということを。本書を読んでいるのは、著者や他の読者たちと同じように、こう思っているからではないだろうか。

●なにかしらの公共の利益のために、自分で行動を起こしたり、周囲を感化したい。
●人類やその他の生命を繁栄させたい。
●自分自身を成長させたい。

行き詰まるとは、会話を繰り返したり、会話を繰り返し避けながらも、目標を達成できないでいる状態のことを指す。目標達成の代わりに、次のような代償や結果を招くことになる。

●行動を起こす自分の力を放棄してしまう。
●人びとを引き込んだり感化することができず、そのうえ、積極的な反対を引き起こす。
●周囲の人びとを成功させるのではなく苦しめている。
●関係を強めるのではなく弱めている。

こんな状態になると、自分が有害で、ダメな、ひどい人間のように思えるかもしれないが、もちろんそうではない。ただ行き詰まっているだけだ。

本書の目標は、より効果的に自分にとって大切なものを見定め、達成する手助けをすることだ。そのために、自分が行き詰まった状況を振り返ることから始めよう。エクササイズ1でリストに挙げた会話のなかからひとつ選んで、もう少しじっくりと振り返ってもらうことになる。

リアルで生きた会話に焦点を絞る

ひとつ注意事項がある。ワークショップでは、より優れたリーダーや先導者になる方法を学びにきた人びとに、行き詰まっている会話について考えてもらうことにしている。自分にとって大切な会話を極めて具体的に思い浮かべ、すぐにそれを口に出す者もいる。しかしながら、多くの人びとは、たちまちはぐらかしの達人となる。現実の生活で実際に問題になっている本物の会話を振り返ることを見事に避けてしまうのだ。

具体的な相手との具体的な会話について考えるのを避けるために、相手を集団や職種にしてはぐらかす誘惑に駆られるかもしれない――たとえば、「私が経営陣と話すとき……」といったように。あるいは実際には起きていない会話をあたかも本物であるかのようにでっちあげるかもしれない――「もし（行ったこともない州の）知事と話すことになったら……」。

ワークショップでは、具体的な相手との具体的な会話について二〇分ほど話し続けたあとで、その相手がこの世を去っていたり、何年も前に退社していたり、そうでなくてももう自分の人生とは関わりのない人物であると分かるようなこともあった。通りすがりに会っただけで、名前も知らず、もう一度会いたくても探し出せないような相手との会話は、本書で取り組む会話としては効果的ではない。そういう会話はリアルではない、というより少なくとも、「生きた」例ではない。自身にとって大切でリアルな会話に向き合うという難しい作業を実行しないでおくための罠であり脱線だ。振り返るのは、リアルな会話にしよう。

エクササイズ2

行き詰まっている会話を特定する

パートA：上手くいかなかった会話

より良い世界を目指して交わした実際の会話で、自分が望むように進まなかったものを思い浮かべてください。単純に目標を達成できなかったものでもいいですし、その会話や相手との関係について、もやもやした気持ちで終わったものでもかまいません。エクササイズ1のリスト2を振り返ることから始めましょう。ただし、採り上げるのは「生きた会話」にすること。

生きた会話とは……

- 名前の浮かぶ具体的な人物との会話。
- 会話をしてきた具体的な場所と時が思い出せるもの。
- 現在進行形のもの。それについていまも自分が考えているもの。相手が生きていて、いまも自分の人生と関係を持っているもの。その相手と会っている（あるいはできるだけ避けている）、もしくはその相手と連絡をとることができる（あるいは相手につながる人物を知っている）もの。

● 自分にとって差し迫っていて重要なもの。新しい結果を生み出すために、じっくり振り返る価値のあるもの。

ノートに、生きた会話をめぐる以下の問いへの答えを記してみましょう。

● 会話の相手は誰？
● 相手と自分の関係は？
● その会話が自分にとって大切な理由は？
● 自分は何を達成したいと思っている？
● いつどこでその会話は行われている？
● これまでにどんな会話が持たれた？　――会話を書き出してみましょう。記憶には偏りがあり不完全であることが多い点に留意してください。目を閉じて、場面を思い浮かべ、あらためて耳を傾け、できるだけ具体的に、自分が言ったことや聞いたことを一言一句思い返してみましょう。

このエクササイズは、この先のエクササイズすべてのベースになる極めて重要なものです。

複数の例が思い浮かんでいる場合は、このエクササイズを繰り返し、上手くいかなかった具体的な会話をいくつか特定しましょう。思いつく数が多く、書かずに飛ばしてしまおうと思っているなら、先に記した忠告を思い出してみてください。はぐらかしの達人にならないように注意しましょう。

パートB：交わされなかった会話

パートAでは、望んだ方向に進まなかった会話について考えてもらいました。そういうものは記憶に残りやすいですが、それがすべてではありません。エクササイズ1のリスト3では、「避けてきた会話」についても振り返ってもらっています。

人は自分で思っている以上に多くの会話を、上手くいかないだろうからといって避けています。しかも何らかのリスクがある発言を避ける能力が発達しすぎて、避けてきた会話の大半を覚えてさえもいません。まるで水のなかを泳ぎながらも、水のことを自覚していない魚のように、自覚なく会話のなかを泳いでいるのです。

ではいまから翌週にかけて、自分が避けた会話をメモしてみてください。小さなノートを持ち歩いてもいいですし、携帯電話のボイスレコーダー機能を利用したり、自分にメールを送ってもかまいません。

●たとえば、食料を育てる海や農場の健全性を大切にしているとします。「この魚はどこで捕れたのですか?」とか「これはオーガニックですか?」と尋ねることもあるでしょう。では、どんなときはこうした質問をしないか考えてみてください。自分が質問しているのは、相手や組織がしっかりとした回答を持っているだろうと思うときで、会話が上手くいきそうにないときはそうした質問を避けてはいないでしょうか(そうした場面にこそ変化が生まれる可能性があるというのに!)。

●ネガティブな影響を生むであろう行動を誰かが取ろうとしているときのことを考えてみましょう(たとえば性差別的な発言やポイ捨て)。あるいはポジティブな影響を生み出せたはずの機会を誰かが逃しているのを目にしたときのことを考えてみてください。どんなときにはその相手にそのことを切り出し、どんなときにその会話を避けていますか？

● ある集団のなかで、どんなとき自分にとって大切な問題を切り出し、どんなとき切り出さないでいますか？

● 政治についてよく話す友人や家族、逆に政治について語り合うのを避けている友人や家族はいないでしょうか？

● 前の文章の「政治」の部分を、自分にとって大切なテーマに変えてみてください。たとえば「精神性」でも、「子育て」でも、「自分の仕事」でもかまいません。自分にとって最も大切なことを誰と語り合っていますか？　大切なことを誰とは語り合っていないでしょう？

避けてきた会話が集まってきたら、重要だと思うひとつを選んで、その会話についてパートAの問いに答えてみましょう。

本書の目標は、行き詰まった会話に向き合う手助けをし、「真の会話」へと導いて行き詰まりから抜け出させることだ。これが正しいアプローチであることを示すために、まずは別の二種類のアプローチについて検討してみたい。「パワープレイ」と「フレーミング」だ。

「パワープレイ」は関係の強化にはつながらない

会話が行き詰まった際に思い浮かぶ作戦の多くは「パワープレイ」に区分することができる。敵対する相手と深く向き合うことなしに、自分の目標を達成する言葉や行動のことである。たとえば以下のようなものだ。

- その場で影響力を持つ別の人物と話すことで相手を迂回する。あるいは相手を飛ばしてさらに上の人物と話す。
- 相手を強制的に動かすために、金銭やインセンティブなどの振り分けを変える。
- 相手が影響力を持つ地位でなくなるのを待つ。あるいは問題が重要でなくなるまで待つ。
- 勝てる場所を選ぶ。つまりある問題は放棄して、時間や、リソースや、政治的資本を別の問題にあてる。
- 変革の可能性が何も見えないからといって、その状況から撤退する。

本書にはこういった戦略は載っていない。もしこれらの状況が自分にぴったり当てはまるようなら、他の本の方が影響力や政治力を駆使する参考になるだろう。[5]

しかしこうした戦略が自分の状況にはあまり当てはまらない場合、あるいは自分の目標を達成するのに十分な手段でないときはどうだろう？　以下が自分に当てはまるか問いかけてみよう。

●自分の思い通りにできる権力を持っていない。リソースや権威に欠けている。
●相手から力を奪うことは望んでいない。
●状況から撤退したくはない。この問題は重要である。あるいは喫緊の課題だ。
●他人を感化するべく自分の価値観を伝えたい。
●単純に相手のことを非常に大切に思っている。
●創造的な会話から生まれる偉大な何かを求めている。
●少数派の見解を持っている。あるいは周囲を感化して自分の活動に参加してもらいたい。

ここに記したものに自分の状況が当てはまれば、おそらく「パワープレイ」とは別のアプローチに関心を抱いているということだろう。備えとしてパワーや影響力を行使する戦略も隠し持っておきたいという思いもあるかもしれないが、[6] 相手との関係を強化し、より良い成果を生み出せる方法で周囲と関わる方がいいと思っているはずだ。

「フレーミング」は未知の対立した状況で機能不全に陥る

次に取りやすいのが、「フレーミング」や「トランスレーション」と呼ばれる戦略だ。より曖昧な形での影響力の行使であり、これにもプラスの面とマイナスの面がある。たとえば、多くの書籍やコンサルタントはビジネスを多様性やサステナビリティや社会的責任に貢献するものにせよと迫ってくる。組織をより女性や少数民族やLGBTに優しいものにすることが、確保できる人材の質を高めることにつながると語る。地球に優しく《グリーン》なることで、コスト削減につながり金《ゴールド》が生まれるなどと言う。[7] 社会的責任を果たしている方が従業員のエンゲージメントや忠誠心が高まると説明する。

こうした考えの多くは言語学者ジョージ・レイコフにもとをたどることができる。彼は政治活動の奥に潜む言葉遣いや概念を研究している。[8] 彼によると、人は「フレーム（考え方の枠組み）」や比喩を活用して、自分の目標を相手の価値観に合ったものに見せるようにするべきなのだという。相手の言葉遣いで話すべきなのだと。こうした戦略は役に立つし、重要なパズルの一ピースだ。
「フレーミング」の例を挙げておこう。ヒューレット・パッカード・エンタープライズ（HPE）のジョン・フレイはワークショップの参加者で、私たちが本書用にインタビューをしたうちのひとりだ。彼は社の「サステナビリティ戦略」に携わり、HPEの提供するソリューションを介して顧客が社会的・環境的パフォーマンスを向上できるよう取り組んでいる。着任当初は、よく顧客に向けたプレゼンテーションの場で、自社の取り組みについて語っていた。社内の努力が顧客を感化することを願って、HPEの慈善事業やCO_2排出量削減の取り組みについて語っていたのだという。

そういう話をすると、聴衆が関心を失い始めることが分かってきました。メールを打ち始めたりするのです。眠りかけている人もいます。私はスライドでプレゼンをしながら、こんなことを思っていました。「どうなってるんだ？　何か大きなものを見落としてないか？」。自分が熱心であることは間違いない……（なのに）どうして自分が情熱を注ぐ問題に周りも熱くさせることができないのだろう？　それは自分にとって「アハ！体験」のようなものでした。一歩立ち止まって、自分は「フランス語しか分からない相手に英語で話しているようなものだ」と思ったんです。そう考えたら、相手が引き込まれないのも当然のことでした。

この経験がきっかけでジョンは、自らのアプローチを見つめ直すにいたった。彼は終日顧客向けのブリーフィングに参加するようになり、顧客の視点から問題をより良く理解しようと努めた。問いかけ、耳を傾けた。そして顧客の具体的なニーズに合わせて、語る内容をフレーミングするよう心がけた。

そうするようにしてから、関心を持ってもらえるようになったのです。相手の言葉で語るだけでなく、相手のビジネスプランについても言及し、「あなたのビジネスプランでは、これを課題に掲げていますね。では私がいかにその手助けをできるか少しばかり説明させてください」と言うといった具合です。おかげでより深いレベルのつながりや信頼が生まれ、サステナビリティなど気にしていなかった相手にその大切さを伝えることができるようになりました。

本書でも、この種の「トランスレーション（相手の言葉に翻訳する）」の素晴らしい実例をいくつか挙げることになる。そうした人びとがやってきたことを学び真似するといいだろう。ジョンは部署全体が「サステナビリティの押し売りスピーチ」を乗り越え、HPEの「効率的IT」に見合った語り方やブランディングを活用するように鍛えた。

「フレーミング」のアプローチで上手くいく場合もあるので、試してみることはお勧めする。しかし、著者たちはこの「フレーミング」や「トランスレーション」のアプローチが、特に対立や行き詰まりが発生しているときに、次の四つの形でトラブルを生む様子をたびたび目にしてきた。それゆえに、フレーミングについては第五章と七章で再び触れるものの、本書の中心的な話題とはしていない。

一つめは、相手の目標に合わせて計画を再設定しながらも、**実際にはあまり相手の目標を大切にしていない**ということだ。たとえば、短期的なコスト削減として「エネルギー効率の改善に取り組むべき」だとしながらも、実際に情熱を燃やしているのは気候変動を防ぐことだったりする。こうしたことが起きると、計画が上辺だけのものに思えてきて、リアルタイムにふさわしい形でふさわしい言葉をかけることが難しくなる。

二つめは、こちらが慎重にフレーミングした議論であっても、相手が納得するとは限らないことだ。なぜなら相手はこちらにまだ何か隠していることがあるのではないかと疑うからである。相手は、こちらやこちらのグループには何か魂胆があるのではないかと**心の奥では疑っているかもしれない**。人は自分が操られていることには気づきやすいものなのだ。

三つめは、こちらが慎重にフレーミングした議論に対して相手が反論してきたとき、人は怒ってしまうということだ。火花が散るような議論になってしまったり、そうなってしまうことを恐れて会話を完全に避けたりする。「あいつらは分かってない」と仲間内だけに通じるお馴染みの会話に閉じこもることも多い。

四つめは、誰も「トランスレーション（翻訳）」を試みてこなかった分野では、どのフレーミングを使えばよいか分からないことだ。たとえば、民主党員や共和党員、あるいは財務部長などが一般にどんなものを大切にしているかは知っているつもりでも、自分でしっかりと調べたことはなかったり、相手と深い対話を行ったこともなかったりする。もしくは、特定の状況における相手や組織に即した形のフレーミングを考案することができず、失敗してしまうかもしれない。

本書の目的は、それぞれの会話に合わせた内容の原稿を作る手助けをすることではない。まえがきに記したように、行き詰まった会話から抜け出すというのは、「言うべき正しいこと」を探すのではなく、自分自身の「あり方」を根本的に変革し、自分自身を創造的で「オーセンティック」な新しいアプローチへと開いていくことなのだ。

「オーセンティシティ」から始めよう

この旅における重要なステップは、「オーセンティシティ／オーセンティック」（本物であること、偽りのないこと）に対する新たな見方を育むことだ。オーセンティックな会話で他者とつながれば、より良い世界へと前進することができる——思い描いた以上の世界へと。しかし、それを実現するには、会話を落とし穴へと導く「オーセンティックでない」要素と向き合う必要がある。本書は危険な落とし穴に陥らない道を進む手助けをするものだ。

「オーセンティシティ」については第二章で詳しく見ていくので安心してほしい。たいていの場合「オーセンティック」という言葉は、過去から行動が一貫している人物に対して使われる。残念ながら、この考えが人を行き詰まらせている。その種の一貫性は人をお決まりのパターンに陥らせ、過去の仲違いや衝突を繰り返させてしまう。本書では「オーセンティック」についての新しい視点を提供する。自分が築きたい未来に見合う自己のあり方をする人物のことを「オーセンティック」だと考えるのだ。そのためには、周囲や自分に対して正直に、オーセンティックでなかった面を認めなければならない。それができてはじめて、自身の価値観に見合う新たな会話を築くことができる。続く五つの章は、そのためのステップである。

可能になること

活動の先導者や主導者たちがオーセンティックで、誠実で、感情豊かで、オープンで、人を感化し、影響力を持ち、優しく、思いやりがあると見なされている様子を想像してみよう。そうなれば社会や環境の変革に向けた活動において新しい形の会話ができるようになるはずだ。すべての生命の繁栄を目指す活動は、その途上で関わる人びとの繁栄の源にもなり得る。そうやって進んでいった活動は人を巻き込んで拡大していき、自身の望む世界を築くのに必要な質や規模にまで育っていくだろう。

そうして進んでいくなかで、自分の人生にとって最も大切な人びととの関係も向上していく。そしてまた、拡大していった関係は変化への礎となり、自分自身の活力の源ともなる。著者たちはそんな驚くべき成果を、これまでの取り組みのなかでしばしば見てきた。癒やしや成長が不断の前進にとってどれほど重要な養分となるかを、私たちは目にしてきた。

始まりは自身を振り返ることからだ。イントロダクションで記したように、本書は「旅」である。各章は実践的な探究であり、自分にとって大切な会話を精査し、整理し、変革するよういざなうものだ。エクササイズをこなしていけば、会話の力を生かせるようになるだろう。

第一章　まとめ

- 世界の諸問題や、それらを解決する方法については、共通認識の著しい欠如がある。
- どんな行動や問題解決にもひとつの共通点がある。人と会話をするという点だ。
- 大きな問題についての会話は、行き詰まることが多い。「行き詰まる」とは定めた目標が達成されぬまま、何らかの行動をとり続けること、もしくは行動を避け続けることを意味する。何かを大切に思いながらも行き詰まっているとき、そこには何らかの原因がある。
- 行き詰まった問題や会話に対するアプローチには「パワープレイ」や「フレーミング」（または「トランスレーション」）といったものもあるが、本書ではより良い世界を作るための「オーセンティックな会話」の力と可能性を探究していく。
- **やること：**今後の章でのさらなる内省や探究に向け、リアルで生きた会話をひとつ選ぼう。

2

行き詰まりを抜け出すカギ

オーセンティシティ（あるいはその欠如）

「オーセンティシティ」（本物であること、偽りのないこと）を本書の探究の中心に置くことは大きなリスクを伴う。なぜならこの言葉は一般的に実に様々な意味を指すものだからだ。ある読者は次のように言っていた。「ローマ法王フランシスコとドナルド・トランプがどちらも熱狂的な信者たちから『オーセンティックな人物』だと言われる時代なんだから、『オーセンティック』という言葉が一体何を意味するのか分からないよ」

一度立ち止まって、以下の問いの答えをノートに記してみよう。自分にとってオーセンティックな会話とはどのようなものだろうか？

エクササイズ3

自分にとってオーセンティシティとは？

人生で出会った人のなかで、誰のことをオーセンティックだと思いますか？　その理由は何でしょうか。

具体的にその人物のどんな発言や行動をオーセンティックである、もしくはそうでないと感じますか？
何が会話をオーセンティックなものにすると思いますか？
具体的に自分のどんな発言や行動をオーセンティックである、もしくはそうでないと感じるでしょう？

多くの人が「オーセンティシティ」と呼ぶものは、本音を述べ、立場を明確にし、過去の発言や行動がいまと一貫している傾向のことを指す。著者二人は活動家として、「オーセンティックな人間」とは、揺るがず、一貫していて、言い訳がましくないことだと教えられた。もし何らかのためらいや不安を感じる場合は、ただ静かにしておくのがよいのだと。

揺るがないでいることはテレビの討論番組などのエンターテインメントでは役立つかもしれないが、一方で制約にもなる。関係に非生産的な軋轢を生み、対話や学びやイノベーションの機会を奪ってしまう。より大きな視点では、声の大きな活動家同士での対立を生み、その他大勢を黙らせたままにしておくことになる。

この種の「オーセンティシティ」は「過去との一貫性」に基づいている。実際、「オーセンティック」の第一義として、オックスフォード・オンライン辞書には「伝統的あるいは元来の方法、もしくは元来に似た方法で忠実に作られたり、行われるもの」とある。つまり「オーセンティック」な人とは、私たちが見てきた姿、耳にしてきた発言、あるいは「その人物のルーツ」と一貫した形で行動する人だと考えることができる。[1] それはそれで素晴らしい。コミュニティのために、組織のために、あるいは理想のために立ち上がって尽力し、それをやり続ける。周りもやることの見当がつき、頼りやすい。自分としては一本筋が通っている。この意味で、過去との一貫性は自分のなかでの整合性や既存の関係を維持するにあたって重要なものと言える。

過去との一貫性は行き詰まりを生む可能性がある

問題は、過去との一貫性が新たな未来の創造を阻害する可能性があることだ。同じパターンの会話や振る舞いを繰り返すことが、行き詰まりを生むのである。様々な問題について議論している際に、自分がまったく同じフレーズを繰り返して、前に語ったのとまったく同じ話を繰り返し聞かせているのに気づいたことはないだろうか？　自分の「話のネタ」がどこから来ているかを考えてみると、過去の会話をリサイクルしていることに気づくのではないだろうか。話のネタは、両親や兄や姉、友人や仕事仲間、過去に読んだ記事、耳にした有名人の話からリサイクルしたものかもしれない。この過去の繰り返しが、対立や行き詰まりが続いてしまう原因のひとつなのである。

もし自分が新たな体験をして、新しい情報を学び、自分の観点に疑問を投げかけてくる人びとと会ったらどうなるだろう？　そういう状況では、過去に固執することが、真の自己表現を妨げる。あるいは、これまでの会話が望む結果を生み出していないと感じるときはどうだろう？　自分の会話が不十分であるか、自分の望む未来に見合っていないのかもしれない。そうだとしたら、過去との一貫性は自分の目標にとって有害なものとなる。

つまり、過去に力点を置いた定義は動きのない、「静的な」状態だ。そういう静的なオーセンティシティについては、この本では置いておいて、「動的な」状態のオーセンティシティを考えてみよう。

動的なオーセンティシティは未来に焦点を置く

オーセンティックな自分になる方法なんかを説いて、この著者たちは何がしたいのだと思う人がいるかもしれない。人は自分のなかに相反する考えや願いを持っている。長期的な解決策を求めていると同時に、それをまさにいま欲している。人類全員の豊かな暮らしを願うと同時に、環境を汚す人びとには退場していただきたいと願っている。社会的平等を求めると同時に、自分だけは裕福でありたいと思っている。自分の意志で行動することを願うと同時に、しかるべき物事を強制的にやらされて報酬をもらいたいと思っている。周りの人には不必要に大きな乗り物を運転するのは止めてほしいと願いながら、同時に自分は大量に（肉ベースの加工食品であるドッグフードを食べて）CO_2を排出する犬を大切にしている。[2]

前の段落に書かれたことを読みながらくすりと笑ってしまったり、あるいは自分の抱える矛盾をさらけ出した私たちに少しばかりの親近感を覚えたのなら、本書の根本的な前提に気づきつつあるということだ。一貫していない部分――普段は隠されている内面の葛藤――を表に出すと、別の境地が切り開かれる。自分の弱い面をさらけ出して、成長の旅がはじまる。自身の内にある葛藤が会話を生きたものにしてくれる。

驚くべきことに、これはそれほど難しいことではない。私たちは人間であり、複雑な生き物だ。誰もが愛や、気づきや、勇気といった大いなる力を備えている。一方で安全圏に留まり、人から良く見られたいという根源的な思いもある。大きな苦労は避けながらも、楽しみを求めて山を登る。相手を批判的になっていると言って批判する。勝利や、独占や、支配を求めると同時に、何かに属し、話を聞いてもらい、愛されたがっている。

人がそれぞれの「見解」を超え、手を取り合って繁栄したりイノベーションを起こすときには、また別の種類の、動的で生気にあふれたオーセンティシティがあることが分かっている（表1）。周りから思われてきた自己像に忠実であろうとするよりも、この先どんな姿になっていくか分からない自分の成長に忠実であるところを想像してみよう。[3] 過去との一貫性に忠実であるよりも、自分が築きたい未来に対して一貫している姿を想像してみよう。揺るがず錨を下ろしているところではなく、絶えざる自問の波に乗っているところを想像してみよう。必ずしも意見が一致しない人びととも、普遍的な人間性や築きたい未来を基盤にしてつながっているところを想像してみよう。動的なオーセンティシティという考えは、オックスフォード・オンライン辞書の三番めの定義に近いものだ。そこで「オーセンティック」

表1　静的なオーセンティシティと動的なオーセンティシティ

静的なオーセンティシティ	動的なオーセンティシティ
思いや考えを率直に語る。	個人的なエピソードや、そこから生じる考えを語る。 （変わることもあると知りながら）
過去との一貫性。	望む未来に対して忠実。
すべての発言での一貫性。 核となる、不変の自己に錨を下ろす。	学び、発見、成長の過程に錨を下ろす。
対立を生む揺るがなさ。	二面性を自覚し、創造的緊張関係をはらみ、不確かな領域を探究する。
変わらない。 他人からの影響や批判に対する免疫がある。	学びのために無防備でオープン。
謝らない。	望む自分から外れている部分は認める。

は、「（実存主義哲学において）感情に忠実で、自分の価値を信じ、目的を持ち、主体性のある生き方を指す」とされている。[4]

この本のなかでは、以下のように定義したい。

「オーセンティシティ」とは自身が築きたいと願う世界に対して一貫していようとすること、そして一貫していない自分を正直に認めることだ。

この新しい見方についてどう感じるだろうか。自分が成長や、本質的に未知のものである未来に焦点を置くようになったら、どのように感じるだろうか？　人がためらいや弱さをさらけだして、オーセンティシティの欠如を認めるところを想像すると、どのように感じるだろうか。この考え方に勇気づけられ、感化され、刺激を受けはしないだろうか。

一方で、不確かな状態とは怖いものだ。オーセンティシティを静的なものだと考えるとき、オーセンティックであるとは己を知っているということを意味する。動的なオーセンティシティには、自分のことや自分がどんな人間になっていくか分からないという状態も含まれる。人はあいまいで不確かな状態は落ち着かないものなので、そういう場面をなるべく避けようとするかもしれない。「動的なオーセンティシティ」という考えに戸惑い困惑しても問題はない。その落ち着かなさを、自分の経験が活き活きしたものだという健全なサインだと受け止めよう。落ち着かなさは成長の一部であり、未知へと踏み出している状態なのだ。

エクササイズ4

自分にとってオーセンティとは？（続）

エクササイズ3での答えを見返して、「オーセンティシティ」に対する自分の考えを振り返りましょう。

自分が書いた特徴のなかに、過去に力点を置いたものはあるでしょうか？正直であること、忠実であること、一貫していることに言及していないでしょうか？もししているなら、それは何に対して正直なのでしょう？何に対する忠実さ？何に対する一貫性？自分の元々の考えに照らしてオーセンティックだと言っていませんか？　これまでの自分に忠実になっていませんか？

もしそうなら、それは「オーセンティシティ」の典型的な辞書的意味で、過去に力点を置いていることになります。

では今度は、「動的なオーセンティシティ」について考えてみましょう。それは魅力的なものでしょうか？　落ち着かない概念でしょうか？　それとも両方？

自分の気持ちや意見を語りながらも、望む結果が得られなかったときのことを思い出してみてください。学んで成長するにつれて自分の意見は変化するであろうことを知りながら、そして情報が十分でないことを知りながら、自分の不確かな考えを語るのはどのような気分でしたか？

自分が語る自分の過去さえも、学んで成長するにつれて変化するであろうことを知りながら、自分が何者であるかを語るときどのように感じるでしょうか？

これまで出会った人のなかで動的にオーセンティックなあり方でいるのは誰ですか？　なぜそう思うのでしょう？

最近、動的なオーセンティシティが現れていると感じた会話で、具体的に覚えているものはありますか？　具体的にどんな言葉が語られ、誰がそれを言いましたか？

会話中の、そして会話後の体験はどのようなものでしたか？

動的なオーセンティシティの根幹には、本書で体験し探究していくことになる重要な逆説がある。「**オーセンティシティへの道のりは、自分の非一貫性を認める道のりだ**」。もし「オーセンティシティ」が自分の望む未来に忠実であることなら、その未来に忠実でない部分を探すことも、成長の機会となる。

動的なオーセンティシティはチームスポーツだ

続く各章では、自分のなかで一貫していない部分を特定するプロセスを紹介する。自分にとって大切な問題に周りも参加してもらおうと取り組んできた場面を振り返ってもらうことになる。自分の行動、言葉、自分の「あり方」が、自身の望む状態から外れていたときのことを振り返ってもらう。そうした場面から、どんな知られざる内面的な矛盾が明らかになるだろう？オーセンティシティが欠如している場面を認識することで、より十全かつ効果的に自身を表現する機会を築けるようになる。[5]

そうすると、いままでにないことが可能になる。自身が隠していた部分が、これまで溝のあった相手との距離を近づけてくれるのだ！　たがいにどれほど不完全で矛盾しているかを笑い合う。そこから、新しい境地を生むことができる――より良い世界へ向けた新鮮でオーセンティックな会話が生まれるのだ。

しかしながら、それをひとりで行うのは、極めて難しい。人の手助けなしには自分の非一貫性に気づけないことが多いからだ。イントロダクションで、本書を「真面目な遊び」だと表現したが、その遊びはチームスポーツでもある。自分を振り返るために友人たちからの支援が必要になる。鏡を掲げてもらい、どのように自分が困難な会話にアプローチしてきたかを見つめ直す手伝いをしてもらうのだ。

まだ一緒に取り組む相手を探していない場合は、友人や仕事仲間や活動しているグループのメンバーを誘って、本書の取り組みに参加してもらうことを強くお勧めする。自分のコーチ役をしてもらおう。自分が陥っている罠をすぐに見つけてくれ、それを指摘することをためらわず、この旅を導いてくれる人物を探そう。コーチがあなたの活動に加わることもあるかもしれない！　たがいの人生に行き詰まりが現れようとも、たがいに助け合ってそれを突破できるようになるだろう。

著者二人はオーセンティシティが会話を通して育まれていくと学んだ。新しい結果を生み出そうと種を蒔く。たがいに支え合う「パートナー」との関係に根を張り、自分をさらけ出して探究する。そして地上へと芽吹き、新たなアプローチで難しい会話へ挑む。根気よく続ければ、新しい理解と創造的な結果という果実を手にすることができる。

エクササイズ5

パートナーを選ぶ

まず、本書の旅に参加してくれたら楽しそうだと思える面々をリストにしてみましょう。以下の点を考えてみてください。

- 自分が大切だと思っている問題の解決策に、必ずしも賛同してくれなくても、そうした問題について話す自分に進んで耳を傾けてくれるのは誰?
- 自分は誰にならば進んで耳を傾ける?

● 誰であれば、自分が行き詰まったり失敗している状況を詳しく指摘されても、信頼して耳を傾けることができる？

● 言うのがためらわれるようなことも言ってくれるのは誰？　自分の態度や行動について、意見の対立を恐れず指摘してくれるのは？　何らかの出来事に対する自分の解釈に疑問を投げかけてくれるのは誰？　本書を勧めてくれたのは？

● 自分が取り組んでいる問題から一定の距離を持ち、問題を冷静に眺める手助けをしてくれそうなのは誰？（たとえば、家庭内の問題に取り組もうとしているなら、配偶者をパートナーにするのは慎重になった方がいいかもしれません。職場の何かを変革しようとしているなら、上司をパートナーにするのはよく考えてからにしましょう）

● 対立する世界で会話の力を利用する方法を学ぶことで得をする人として、自分の他に誰が思い浮かぶ？

次は、ひとりか複数のパートナーを選んで、本書のことを伝え、参加してくれないか尋ねてみましょう。たとえば、自分が大切に思っている難題についてもっと上手く語れるようになりたいと伝え、パートナーの協力とコーチングが必要なのだと知らせるといいでしょう。

それから、相手にとっても自分がこの旅において最高のパートナーになるための約束事を決めてください。いくつか例を挙げておきます。

● 率直に、たがいに疑問を投げかける。パートナーの発言が的外れであったり不当であったり完全な決めつけだと感じたら、パートナーを立ち止まらせて指摘する。

● 責任感を持ち合う。パートナーが考えや不満を持っているのに行動を避けていたら、実行へ移すよう励ます。たがいに締め切りを作る。

● いたわりを持つと同時に継続性も持つ。もし自分やパートナーがいら立ったり挫けたりしているのを感じたら、少し休息を取る。しかしその会話を放棄してしまうのではなく、時を改めて新たな角度からアプローチする。

こうした約束事は、明確でありがらも、固定してしまわないことをお勧めします。エクササイズを進めながら立ち返り、追加や修正をするといいでしょう。

二章　まとめ

●たいていの場合、「オーセンティック」という言葉は、過去の信念や発言、振る舞い、そして文化的アイデンティティと一貫した行動をとる際に用いられる。この一般的な考え方は「静的」なもので、行き詰まりや対立を強固なものにしかねない。

●過去との一貫性よりも、心から望む未来に照らして一貫した態度を取り、学びと成長のプロセスに乗り出そう。本書ではこれを「動的なオーセンティシティ」と呼ぶ。

●動的なオーセンティシティのカギは、自身の非一貫性や矛盾を正直に認め、さらけ出すことだ。信頼できる相手から始め、そこから広げていくといい。

●**やること**：友人や同僚、あるいは共に活動しているグループのメンバーを誘って本書へ一緒に取り組もう。こちらが落とし穴に陥っていることをすぐに察知し、遠慮なく指摘してくれるパートナーを探そう。その人物にコーチ役を担ってもらい、自分も相手にとってコーチ役となることを提案しよう。

3
会話から透けて見える思考

自分の見え方を知る

著者である私たち二人は自身の経験や、活動家たちへの聞き取り調査や、リーダー志望者たちとのワークショップのなかで、同じパターンを繰り返し目にする。自分にとって大切な問題に熱心になっているとき、会話はある特定のパターンに陥るのだ。

著者の一人、ジェイソンの例を紹介しよう。

地下に行って貯蔵室から物を取ろうとすると、電気がつけっぱなしになっていることに気づく。私はぼやきながら、スイッチを切り、それから上のキッチンへ向かうと、妻が食器を洗っている。「誰かが地下の電気をつけっぱなしだったみたいだ」。私は息巻いて言う。腕を組みながら。

ここでストップ。どんな状況だと感じただろうか。ジェイソンが語ったのは会話の最初の瞬間だ。まるで動画再生のように状況をイメージできたのではないだろうか。彼の発言を読むと、ずいぶん裏に含みがあると感じる人もいることだろう。「なんて電気（と金とCO^2）のムダなんだ。誰か（僕じゃない！）が電気をつけっぱなしにしていたんだ。誰なのかを突き止めて、なぜよくないのかを教えてやった方がいいな。もう二度とやらないように。僕はいつだってこの家の環境問題の守り神なんだ」。こうしたすべてが先ほどのシンプルな一言に集約されていた——そして彼はそんな思いを妻が知る由もないかのように振る舞っている！

妻はすぐに苦笑いで返してくる。「あら、誰かは毎朝シャワーの電気をつけっぱなしにしてるの。しかも知ってる？　私は黙ってそれを消してる」

どうやって彼女は裏のメッセージを察知しているのだろう？　どうやってジェイソンの心に隠されていたはずの思いを透かして見ているのだろう？　二人は結婚して一〇年以上であり、これは何度も繰り返されてきたパターンで、彼がこれから行うであろうエネルギーについての演説を予測できるというのも理由のひとつだろう。いま何を言っているかを聞けば先を予測できてしまうようなパターンを、彼は作り上げてしまっているのだ（そして本当に予測通りになるのだ！）。しかしこの瞬間の彼の表現には他の要素もある――態度、声のトーン、抑揚。どういうわけか、責めるような言葉は避けながらも、彼は無言の非難に成功している。

発している言葉を超えて、彼はここで自身の「あり方」を露呈している。非難がましく、独善的で、遠回しに攻撃している。このあり方には二つの問題がある。第一に、ジェイソンの妻に話をきちんと聞いてもらい、電気を消すようにしてもらうのに効果的だとは考えにくい点。相手を皮肉な気持ちにさせ、彼の悪習もやんわり非難されるならまだいい方で、最悪の場合、口論を焚きつけることになる。

より深層のレベルで言えば、独りよがりであることは、彼が目指す未来に見合うものではない。妻と一緒になって子供たちと価値観や未来への期待について語り合うとき、あるいは組織でチーム憲章を作ろうというとき、ジェイソンがどんな考えを支持しているか見てみよう。彼はよく「謙虚さを忘れずに思いやりを持って人と自然を大切にする」と語る。ところが日常の場面においては、他者への敬意を欠いた振る舞いを見せ、会話を破綻させている。

こういう「あり方」は社会、環境、そして政治問題に取り組む人たちのあいだでより大局的な問題となる。人はよく、自分が相手より高潔で、揺るぎなく、自分こそが正しく、知的に優れているという態度を取りがちだ。あれをするべきだ、あれはするべきではないと周りに言って多くの時間を費やす。築きたい世界についてよりも、次に起こり得る惨事の方に気がいってしまう。それはあまり歓迎されることではないし、正直に言ってあまり楽しいことではない。しかしそういう態度をとっておきながら、なぜ自分の目標に人が集まってこないのかと不思議に思っていたりする。「相手が分かってくれない」というお馴染みの言葉に逃げ込んでしまう。そしてストレスを溜め、腹を立てる。

この章では、次の問いと向き合っていこう。自分の「あり方」は、自分の目指す未来に見合ったものだろうか？

自身のあり方は心のなかの会話と結びついている

どうすれば自分のあり方を認識することができるだろう？　水のなかを泳いでいる魚は、その水のことを自覚していない。同じように、人は自分のあり方を自覚していないことが多く、それがどれほど自身の振る舞いや相手の反応に影響しているかを意識していない。

先ほどの例で、ジェイソンは自分のあり方に自覚的でなかった。しかし、二つの要素が彼を少しだけ自覚的にさせた――自身のあり方を言語化できるほどにまで。一つめの要素は、妻が彼のあり方を把握していたことだ。なぜ彼女が把握していたと分かるかといえば、彼女が代替案として、似たような状況における別のあり方を提示してみせたからだ。彼女はただ協力的になって電気を消せばいい（批判や説教は抜きに）と提案したのだった。二つめの要素は、彼が様々な出来事や頭のなかの思考を振り返る時間を取った点だ。つまり内省したのである。

ポイントは、自分のあり方に自覚的でいるには言い訳を抑える勇気と努力が必要だということ、そして自分のあり方を自覚するのは極めて重要なスキルだということだ。「あり方」はその人の行動（発言を含む）と相手の反応や発言を規定する。そうした行動や会話が、現状の結果をもたらしているのである。[1]　その過程を図1に示す。

第一章で紹介したＨＰＥのジョン・フレイのエピソードで、彼は自らのアプローチを変えて、サステナビリティに関する自社のサービスをより効果的に売り込むことができるようになった。このエピソードの最も大事な点は、彼が会社のサービスを売り込むために新たな「フレーミング」をしたことではない。彼がその新しい「考えの枠組み（フレーム）」を持つことができたのは、自身の「あり方」を変えたからだ。

彼は自身のあり方が聴衆に与える影響を理解したのだ。プレゼンでは情熱的に、ＨＰＥの業績を誇らしく語っていたが、それこそが顧客を遠ざけているのだと悟ったのである。彼はあり方を変え、**耳を傾け、相手とのつながり**を意識するようになった。そこから、顧客との交流の仕方について、新しいアイデアが次々と自然にあふれていった。あり方が変わると行動も変わった。顧客の課題に耳を傾け、相手の事業計画書を読み、**相手の問題**を解決しようと協力するようになった。そうすることで、彼は自社の目標であるビジネスの成功とサ

図1　自身のあり方が行動や結果につながる

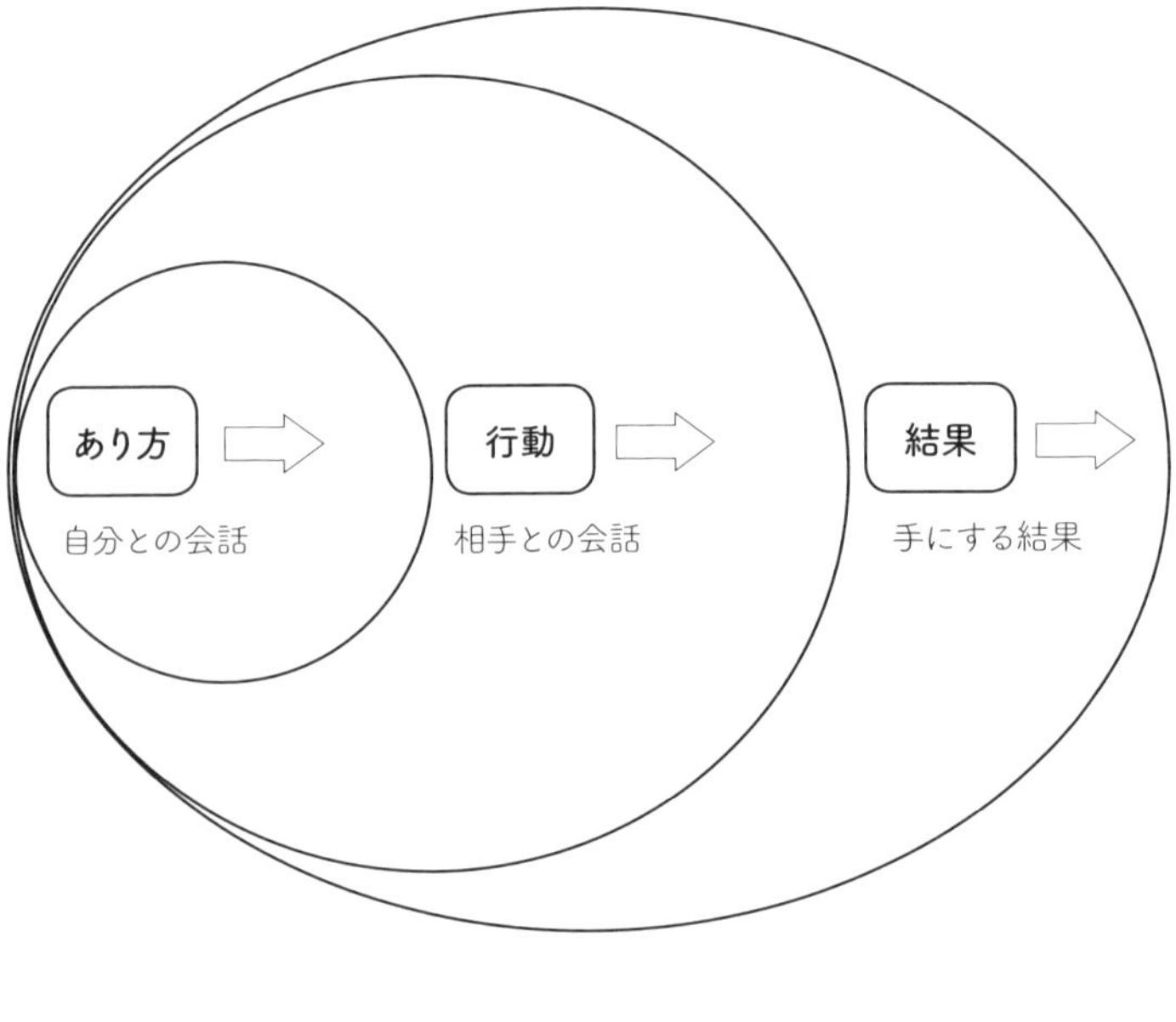

ステナビリティを進展させることができた。彼は周囲に教えることができる新たな語り方や会話の方法を生み出した。

自身のあり方を自覚するのは簡単なことではない。自分の内側で起こる感情的反応や、自分が相手にどんな印象を与えているかを観察しなければならない。内面を見つめると同時に相手への感情移入も必要になる。発達心理学者たちはこの種のプロセスが人間的成長のカギだと語る——見えないものに目を向け、それに向き合うのだ。それが「理想の自分」への基礎となる——より大きな気づきへの、良心への、可能性への、自由への旅の基礎だ。同時に、自分のあり方を見つめ直すことは困難で苦痛を伴うものにもなり得る。丸裸になることが求められるからだ。[2]

ではどうすれば自分のあり方を理解し、ひいては変革することができるだろう？　他者との会話のなかにおいても、自分のあり方というのは心のなかで交わしている会話からにじみ出るものだ。自分のなかで繰り広げている会話が、相手からの見え方にも影響を及ぼしている。

少しのあいだ読むのを止めて、自分と交わしている会話に耳を傾けてみよう。

立ち止まって。耳を澄ますのだ。

「自分との会話だって？　自分と会話なんかしてないよ。このステップは必要ないな。読み進めるとしよう」と思う人もいるかもしれない。**それこそがまさに自分との会話だ。**

それは誰かと話す前に、話している最中に、話し終えた後に、自分のなかで湧き起こる思考、つまり頭のなかで聞こえる声のことだ。この声には各分野で様々な名前が付いている。「内的独白」だとか「意識の流れ」だとか、「プロセス観察」という言葉を聞いたことがある人もいるかもしれない。

自分自身と交わす会話が自分のあり方を作る。自身の思考や感情が内なる声のトーンを決める。そのトーンが、言葉《バーバル》によるものであれ言葉によらない《ノンバーバル》ものであれ他者との会話の展開を形作る。そしてその会話の行く末——自身の価値観やビジョンや行動計画を上手く伝えられるかどうか——が、自身の手にする結果を左右する。ひとたび自身のあり方の影響力に気づいたら、新しい自分になることから始めよう。新しい自分のあり方を築けば、新たな結果を生み出す新たな会話を始めることができる。心から目指すものと真に見合った自分になっていく過程へと乗り出すのだ。

人のあり方は共通している

本書（特に本章）は、自分のあり方や自身との会話を見つめる手助けをするものだ。このプロセスを進めるうえで、ある重要な事実を念頭に置いておこう。内面を見つめる旅は、個人的で、私的で、内省的に見えるかもしれないが、実際はそれほど個人的というわけでもないということだ。

先ほどのジェイソンのエピソードに、自分と共通する姿を感じはしなかっただろうか？　批判的になったり、独りよがりになったり、遠回しに攻撃したりする自分に気づいたことはないだろうか？　誰しもそうなることはある。私たちはみな人間だ。誰もが何らかのあり方を受け継いでいる。自分自身や他人と長らく交わされ続けてきた会話もある。特定の文化に生まれ落ちたとき、または社会正義やサステナビリティに関連するより広範な会話や運動に参加したとき、人は似通ったあり方になっていく。多くの落とし穴――人を行き詰まらせる罠――に陥るというのは、より良い世界を目指すなかで誰もが共通して経験している。そうした落とし穴に陥ることはもはやお決まりとすら言える。口うるさく怒りっぽかったり、冷笑的で諦観しているような活動家に、誰しもなり得るのだ。

私たち著者二人は様々な国のあらゆる環境で数々のコミュニティとワークショップを行ってきた。ワークショップでは、過去に上手くいかなかった会話、あるいは上手くいかないだろうと避けてきた会話について振り返るよう求めている。以下は参加者たちの置かれた状況の具体例だ。

●社会的あるいは環境的事業に投資する必要性について、会社の財務部長に働きかけたい従業員。

●ゲイの権利問題について母親に関心を持ってもらおうと取り組む女性。
●自身の選択したキャリアについて、そして世界にもたらしたい変革について、懐疑的な両親や祖父母に納得してもらいたい人。

こうした場面での会話は重要だ。相手を感化して行動を促し、大切な目標を追い求める自分を支援してもらうきっかけになり得る。残念なことに、そうした会話の多くが衝突や怒りや諦めといった行き詰まりに遭い、会話を始める前から行き詰まることすら多い。「会話が行き詰まったときの自分のあり方はどのようなものだったか」。ワークショップでは参加者たちにそう問いかける。図2はその回答を視覚化したものだ。

飛行機の長旅で、このワード・クラウドに記されたような特徴を持つ人の横に座っているところを想像してほしい。ちょっとしたおしゃべりをしてみようと思うだろうか。それともヘッドフォンを

図2　行き詰まるときのあり方[3]

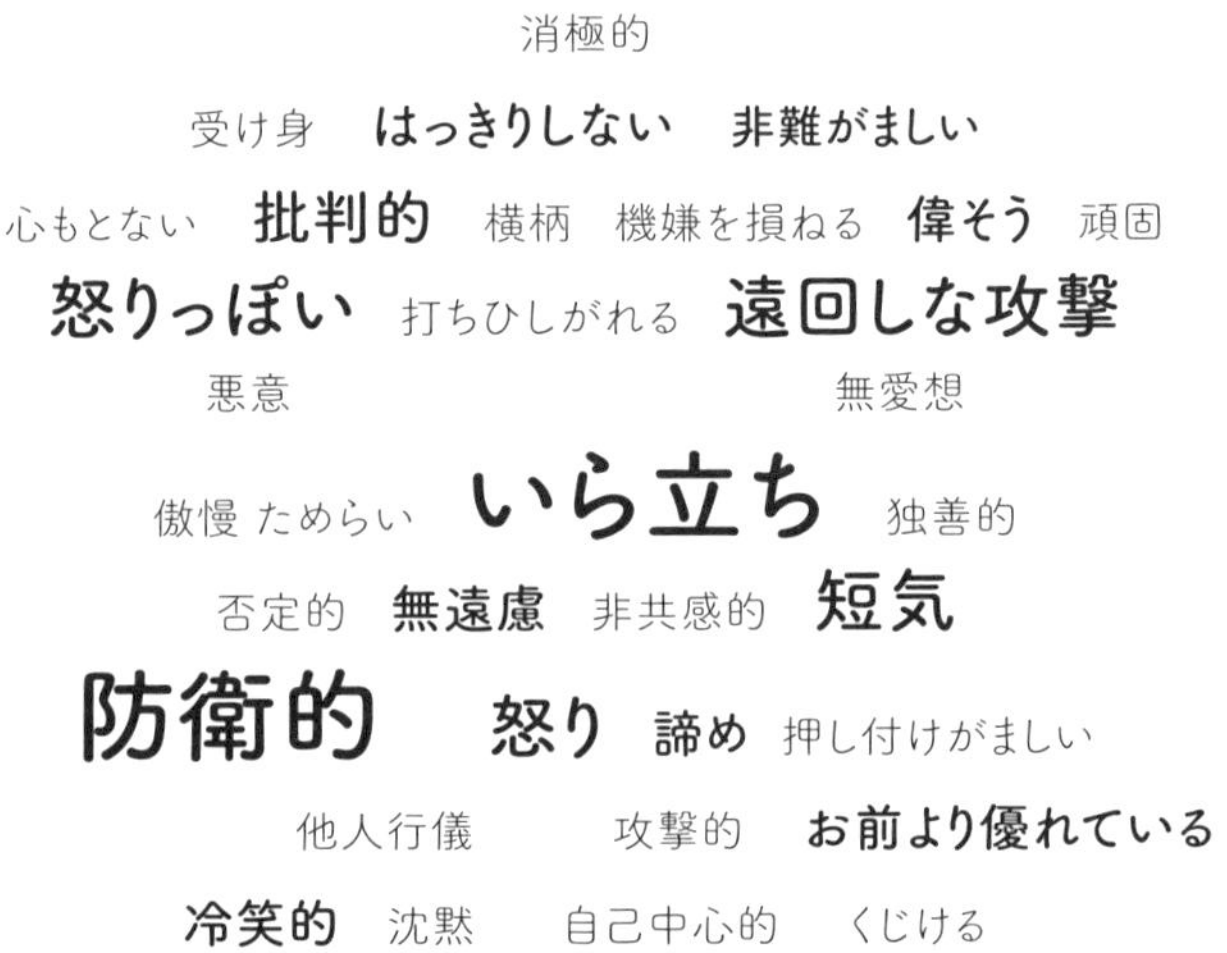

貰って寝たふりをするだろうか。これらの単語は「自分自身のあり方」、そして上手くいってない会話の問題点を明かすものだ。

　では、もう一度ワード・クラウドを見てみよう。そして自分がこれらの言葉のように感じたり、これらの言葉のような印象を相手に与えている会話を想像してみよう。それは楽しい会話だろうか。きっと違うはずだ！　だから人は価値観の異なる相手を説得できる可能性があったとしても、難しい会話は避ける傾向にある。人はこのワード・クラウドのようなあり方になりたくもないし、こうした言葉のように感じたくもないし、相手からこういうあり方だと思われたくもない。だから小難しい会話を避け、より良い世界を作るという目標にも達しない。

　これは悪い知らせでもあり良い知らせでもある。悪い知らせである理由は、こうした状況においては「自分自身こそが最大の敵」だからだ。自分自身のあり方が自分の目標達成を妨害しているのである。フォーチュン５００に選出された企業のある従業員は、このワード・クラウドを見て、クスッと笑って言った。「これは私の勤務評価みたいですね！」。良い知らせは、自分のあり方というのは、自分で舵を取れる部分だという点だ。会話がダンスだとすれば、自分のあり方はメロディである。もし会話が行き詰まったら、新しいメロディでダンスを始めてみれば、ときに、いや多くの場合、人はついてくるだろう。本書のエクササイズがその手助けとなるはずだ。

　ワード・クラウドのもうひとつの側面は、登場する単語の「強い共通性」だ。いくつかのあり方はワークショップのたびに繰り返し現れる。いら立ち、防衛的、怒りっぽい、独善的、遠回しな攻撃、諦めなどだ。その他にもよく見られる単語は多くある。打ちひしがれる、押し付けがましい、見下す、偉そうなどだ。こうした共通性はつまり、人のあり方には似通ったところがあり、伝染していく可能性すらあるということだ。それらのあり方は、「行き詰まる」という共通のコンテクスト――現状の世界と望む未来のはざまで活動しながらも前進できていない状態から生まれている。

残念ながら、こうしたあり方は先導者や活動家としての自分に対する周りからのイメージまで築き上げてしまう。心理学の研究家ナディア・バシールとトロント大学の仲間たちは、オンライン調査ツールを使って北米に住む人びとの代表サンプルを集めた。そして様々な運動における活動家の「典型的な」特徴を挙げてもらった。表2は「典型的な」環境活動家の特徴として多く言及されたものを挙げている。

このリストを読んで笑ってしまうかもしれない。このリストに少しばかり自分や知人の姿を見るかもしれない。ポイントは、それは自分に限ったことではないという点だ。ワークショップの参加者たちが振り返って突き止めた自身のあり方

表2　「典型的な」環境活動家の特徴トップ30[4]

環境保護に固執する	過剰反応	非伝統的
ベジタリアン	クールでない	アウトドア好き
ヒッピー	独善的	強引
リベラル	学がある	動物好き
非衛生的	ドラッグを使用する	不寛容
好戦的	毛むくじゃら	協力的
エキセントリック	意志が固い	民主的
実践主義	愚か	迷惑
面倒見が良い	知的	変わり者
抗議する	熱心	不合理

と、活動家たちが周りからどう見られているかを研究したこの大規模な文化調査のあいだには大きな類似がある。

これは実のところ良い知らせだ。自分のあり方と目指す未来のあいだのズレを見定めることができれば、お決まりのパターンを破壊し、新しいものを呼び込む余地が生まれるのだ。本書は自分のあり方や、周囲との関係、そして自分の関わる社会運動を変革する会話への手引だ。ひとつの会話で一歩ずつ。それがこれまで世界を変えてきた唯一の方法であり、この本で私たちが目指すことである。

自身の心のなかの会話を解き明かす

これから先は会話変革のプロセスへと進んでいく。まず、大切なのはただ読み進めるだけにしないことだ。エクササイズ2を思い出してほしい。望んだ通りに進まなかった会話や、上手くいかないだろうからといって避けている会話を振り返ってもらったはずだ。読み進める前に、エクササイズ2の条件を満たす会話をひとつ思い起こしておこう。

具体的な会話を選んで、詳細も特定したとしよう（誰との会話で、いつ、どこで、どんな会話を交わしたか、交わさなかったか）。だいたい、会話を変革するという場合に聞かれる質問として多いのは、「自分は何を言えば良かったのか？」とか、「これから何と言えばいい？」といったものだ。だが私たちが本書で探究するのは、別のことである。

まずは「自分との会話」を知ることから始めよう。誰かとの会話が上手くいかなかったとして、その会話の前の、最中の、後の自分の思考はどのようなものだっただろう。自分にとって大切な会話を避けることで行き詰まっている場合、考えるべきは自分との会話につきる。

エクササイズ6

口にされない心のなかの会話

エクササイズ2で特定した会話からひとつを選びましょう。その会話は望んだ通りに進まなかった会話か、避けてきた会話であるはずです。選んだものが「生きた」会話で、自分にとって「大切な」ものであるという条件も忘れずに。

たとえ一定の時間が経っていても、まだ解決していないとか終わっていないと感じたら、その会話は「生きて」いるものです。「生きた」会話とは自分の人生に関わりがあり、今後も会話をしていくはずの相手との会話のことです（バスにいた二度と会いもしなければ、見つけ出す方法もない誰かとの会話ではありません）。自分にとって「大切な」会話とは、自分が本当に達成したいと思う目標に関することです。目標は、行動の変革といった具体的な成果でも、相手との関係の質的向上といったものでもかまいません。

避けてきた会話を選んだのであれば、避けずに会話する場面を想像してみてください――どんな風になると思っていたかを頭のなかで再現しましょう。

選んだ会話について以下のように振り返ってみましょう。

口にされなかった、もしくは心のなかで交わされた会話を書き出してみてください。感じたり、考えたりしながらも口に出さなかった（もしくは出さないでいる）のは、どのようなことでしょうか。「感じたこと」については、怒り、悲しみ、喜び、不安、恥などシンプルなものでかまいません。感情に気づくためには、身体が発するシグナルを察知するといいでしょう。心臓の鼓動や顔のほてりはどうなっていましたか？「考えたこと」とは相手や状況に対する解釈や判断のことです。覚えていることは何でも書き留めておきましょう。

上手くいかなかった会話を選んだ場合、そのやり取りの前に、最中に、後に自分が考え感じていたことを書き出してください。避けてきた会話を選んだ場合、その現実に起こっていない会話について自分のなかでしている会話を書き出してみましょう。

ワークショップで、口にされない心のなかの会話を教えてほしいと言うと、参加者たちは次のような答えを共有してくれた。

「お前は怠け者すぎて理解できないんだ」
「問題を解決することの方があんたに愛想良くするより重要なんだ」
「こいつ信じられないくらい自分勝手だな」
「この会話を上手く運ぶ方法なんてない」
「この人は本当のことを言っていない」

「この分からず屋。分かろうとする姿勢すら見せない。意見を変える気なんてないんだ。こっちの言うことなんか気にしてない」
「目指していると言いながら、あなたは必要なステップを踏もうとしない」

こうした思いを実際には口にしないのもうなずける——口に出せば、会話はまったく願わぬ方向へと進んでいくだろう。同時に、地下室の電気をめぐるジェイソンと妻の会話を思い出してほしい。彼女はジェイソンの心のなかの考えを分かっていた。ここに記したような心のなかの会話は、外に隠しておけるものではない。その理由のひとつは、おそらく過去に似たようなことを口にしたことがあるからだ。そうした発言は相手とのあいだの空間に漂い続ける——相手はこちらがそういう発言をするのだと想定するようになる。そしてまた、心のなかの声はノンバーバル・コミュニケーションを通して漏れ出るものだ。それは姿勢や声のトーンを含む自身のあり方に表れる。自分がどんなあり方でいるか見てみよう。

自身のあり方を特定する

エクササイズ7

エクササイズ2と6で書き出したものを見返して、自分の心のなかの会話を振り返っていきましょう。

その会話における自分のあり方はどのようなものでしょう？ どんな形容詞を使って説明しますか？ 相手にどんな印象を与えていると思いますか？ 避けてきた会話を選んだ場合、もしその会話をしたらどんな印象を与えると思いますか？

自分のあり方について考えるもうひとつの方法は、自分のことをよく知っている人物――配偶者や、親友や、兄弟姉妹や、両親や、子供――が自分の会話をビデオで見ているところを想像することです。この人物はこちらの心のなかがよく分かるのだとしましょう。その人はあなたのあり方をどう言い表すでしょうか？

一からやる必要はありません。ワード・クラウド（図2）を参考にして、自分のあり方に近いものを探してみてください。

振り返った結果を「パートナー」に語ってみましょう。そして自分が思う自身のあり方に、パートナーが同意してくれるかどうか確かめてみてください。

このエクササイズの重要性はいくら強調しても足りない。「自分はどんなあり方だったか」という問いに答えることは、「自分は何をすべきか」とか「何をすべきだったか」といった問いに比べて、ずいぶん馴染みのないものであるはずだ。

立ち止まって。

振り返ろう。自分のあり方の特徴を自分は何と語る?

この探究は厄介なものに感じられるかもしれない。なのでじっくりと考え、少し腰を据えて取り組むために時間を取ろう。本を置いて、一度、二度、三度と振り返ってから戻ってこよう。

それから、パートナーとチェックしあおう。相手も自らのあり方を言葉にしただろうか? 正直になろう。実際より良く見せようとしているところがあれば、遠慮なく指摘しよう。

このエクササイズがハードルの高いものになり得る理由のひとつは、人が自分のあり方を自分で裁きがちだという点にある。「その会話の結果についてはもう十分に自分を責めてきた。なのに今度はあまり誇らしくない自分のあり方を白状しろっていうのか？」

著者は何も「そのあり方が良いものか悪いものか」などと尋ねてはいない。実のところ、それらに善悪や正誤のラベルを貼らない方が上手くいく。それらがその人のあり方だということ以上でも以下でもない。批判的になっているといって自分を批判することもまた批判のひとつだ。より実りのある問いとは次のようなものだ。こうしたあり方は効果的だと思うだろうか？　そのあり方は、自分が目指す人物や、築きたいと願う会話や未来に見合うオーセンティックなものだろうか？　答えがノーなら、そこから自由になって新しい何かに挑戦してもらいたい。

エクササイズに取り組んでもらったところで、自身のあり方を特定する際に直面しがちな課題と、それらを乗り越える手段を紹介していこう。

自分のあり方は見えにくいもの

ワークショップに参加していたひとりの女性の例を見てみよう。ここでは名前をアリスとする。彼女はゲイの権利問題をめぐって母親と避けてきた会話があると教えてくれた。彼女は言った。「母とはだいたい四か月ごとに電話で話します、というより、いつも大げんかになるから、私がだいたい四か月くらい電話を無視してるんです。私は社会正義に関することに人生を捧げてきました。自分の価値観に忠実でありながら、同時に母親を愛することはできません。彼女はゲイの人びとを嫌っているから」

アリスに自身のあり方を振り返るよう促すと、彼女は行き詰まり、協力を求めてきた。「私は楽観的だと思う」と彼女は言った。もう少し詳しく、と言うと、彼女は答えた。「私は楽観的に、母は変われると思ってる」

私たちは答えた。「お母さんはあなたのあり方をどう表現すると思う？　彼女はあなたのことを楽観的だと言うかな？」

少し間があったあと、アリスは言った。「いや、独りよがりで批判的だって言うでしょうね」

ここでは二つのことが起きている。第一に、会話を振り返る際に自身のあり方を取り繕い、ごまかし、隠そうとする傾向があるのが分かるだろう。アリスのように、人は言ったことや思ったことを正確に語らないことが多い。特に自分が良く見えないようなことについては、むしろ、それらを簡略化して語る。地下の電気をめぐるジェイソンのエピソードを思い出してみよう。「私はぼやきながら、スイッチを切り、それから上のキッチンへ向かうと、妻が食器を洗っている。『誰かが地下の電気をつけっぱなしだったみたいだ』。私は息巻いて言う。腕を組みながら」

もしジェイソンが次のようにエピソードを語っていたらどうだろう。「上のキッチンに行って、妻に電気がつきっぱなしだったと伝えた」。この描写も明快で正確だが、そこにはこの状況における彼のあり方が慎重に除外されている。

人は誰しも、自分の誇らしくないあり方や効果的でないあり方は除外してエピソードを再構成する達人だ。あらためて人に語るときには、バーバルであれノンバーバルであれ、会話を道から外させたコミュニケーションを入念に隠してしまう。そんな風にエピソードを再構成すれば、自分は良く相手は悪く見えるだろうが、それでは会話を変革して前進していくことはできない。

細部が大切だ。自身のあり方が表れている会話を、何を言い何を言わなかったか、一言一句振り返ろう。自分の頭に最初に浮かぶものは、会話のなかでの実際のあり方を取り繕い、隠そうとしている可能性があることに注意しよう。

エクササイズ8

口にされた会話

これまでに振り返った実際の会話を思い返してみましょう。ここまでは心のなかの会話や自分のあり方を検証してきましたが、今度はこう自問してみましょう。

●その会話で語られたことをすべて、どう語られたかまで抜き出せている？

●何が起きたかをさらに詳細に書き出し、より鮮明に思い出すことはできる？

ノートに、できるだけ記憶している通りに、発言内容と目に映った行動を書き出しましょう。もし誰かが動画を撮っていたら、その人物はどんなものが映っていると書き起こすでしょうか？　次のように書き出してみてください。

私「　　　　」

相手「　　　」

私「

……

あり方は見る人次第で変わる？

ワークショップが会話における自身のあり方を見つめ直すパートに差しかかると、よく次のような質問をされる。誰の真実が「本当の」真実なのですか？　誰の観点が正しいものなんですか？　自分は「楽観的な」あり方でいると思っているのに、周りからは「批判的な」あり方だと思われていて、一体どちらが正しいのでしょう？　どちらの見方も間違っていないのでは？

実のところ、自分が思う自分のあり方は会話の行く末にほとんど影響を及ぼさない。本書では、**相手が感じている方の自分のあり方に対して責任を持つ**ことを心がけてもらいたい。その心がけの方こそが大切で、大きな出発点になる。なぜならそれは相手にどう見られるかの責任は自分が持つという態度だからだ。

母親の視点から会話を振り返ることで、アリスは「独善的で批判的な母親に対して、独善的で批判的になっていた」ことに気づいた。きっとその独善的で批判的なアリスの態度が、母親の独善的で批判的な態度を加速させていたのだろう。負のスパイラルだ。こうした状況を認識したことで、アリスは新しいあり方を築き、母親との関係に新たな方法でアプローチすることができるようになった。

時間をとって、自分の会話を相手の観点から振り返ろう。自分のあり方はどのようなものだろう？　そのあり方に責任を持ち、認めることができるだろうか？　双方の意見が一致する点はあるだろうか？　もしなければ、さらに見つめ直そう。自分のどんなところが会話を行き詰まらせたかを検証し向き合うのは難しいことだ。だが逆説的に、深く向き合う行為が気が進まないものであればあるほど、成長への余地があるということであり、その会話における行き詰まりを乗り越える可能性は高くなる。

あり方とオーセンティシティ

自身のあり方を上手くコントロールすれば、「オーセンティシティ」に関する問いに向き合うことができる。自身のあり方は自分の望みに見合うものだろうか？　仲間や、自身が進める活動のなかで、共通の目的に沿った「あり方」は共有されているだろうか？　たとえば、思いやりや多様性を受け入れることを支持しているなら、自分は思いやりを持ち多様性を受け入れるように行動しているだろうか？　企業や、サプライチェーンや、市場や、家族や、学校や、コミュニティや、政党といったより広範な相手に働きかけようとするとき、自分のあり方は相手を自分の活動に巻き込んでいく助けになるものだろうか？　相手はあなたに感化されて振る舞いを変え、リソースを投入し、あなたの望む方法で世界を向上させる計画に賛同し支持してくれるだろうか?

もし答えがイエスなら、それは素晴らしい。本書を放り投げて、昼寝でもしていただきたい。

もし答えがノーなら、あなたは「オーセンティシティの欠如」を認識したことになる。新しい何か——自分が望む未来に見合うあり方が築かれる余地が生まれつつあるということでもある。そのあり方になれば、どのような会話や世界を目指すか自ずと分かるようになる。アリスは、まずは母親に対して、思いやりを持ち愛情深くあろうと決めたが、そのあり方はまさに「自分の価値観に忠実」なものであった。

しかしながら、この段階に入る前に、はめておくべき重要なパズルのピースがある。理想と現実が一致せず「オーセンティック」でないとき、なぜその状態に固執してしまうのだろう? なぜ自分が望む結果を生み出せないようなあり方をして行き詰まってしまうのだろうか? この問いについては、次の章で見ていこう。

第三章　まとめ

- 相手と会話するとき、人は自分との心のなかの会話という隠れた荷物を抱えている。
- 人は会話がどう進むかについて偏見や思い込みを持っていて、それを隠そうとするが、振る舞いやあり方を通して漏れ出てしまう。そうした会話は、交わす前ですら行き詰まる可能性がある。
- 人のあり方というのは、何らかの活動においても、日常での難しい会話においても似通っている。活動家たちへのネガティブなステレオタイプやイメージも、人のあり方が原因となっているのだ。
- 行き詰まりから抜け出すために、自分のあり方が（動的に）オーセンティックなものかどうかを見定めてほしい。目先の目標を達成するためのあり方になっていないだろうか？　目指す未来に見合うあり方になっているだろうか？
- **やること**：自身のあり方を知り、自身が密かに持ち歩いている荷物へ正直に向き合おう。

・会話が行き詰まっているとき、自分が考え、感じながらも口に出さなかったのはどんなことだろう？
・自分の心のなかの会話はどのようなものだろう？
・行き詰まった会話での自身のあり方はどのようなものだっただろう？

4
行き詰まった会話から得ているもの
エサを特定する

この章は、ジェイソンの別のエピソードから始めよう。

二〇〇五年に博士号の取得に向けてMITに入学したとき、大学へ提言を行う大学院生のグループに参加した。私たちはサステナブルな世界へ向けて「MITがすべきこと」のささやかなマニフェストをまとめ、何十人もの教授から署名を集め、事務局に提出した。学長とのミーティングのアポをとり、面と向かって私たちの思いを訴えた。とても満足していた。

しかし、学長のオフィスからは、私たちの提案にどう対応すれば良いか分からないと言われてしまった。こちらの提案には明確な「要望」がなく、向こうは何を要求されているのか分からなかったのだ。

正直に言うと、自分たちも何を要求しているのか分かっていなかったのだが、易きに流れてしまい、事務局を悪者に仕立てていら立ちをぶつけてしまっていた。向こうが理解してくれず、まともに取り合ってくれないのだ、向こうはすべきことを本当はしたくないのだと決めつけていた。

署名運動が失敗に終わると、次なるアプローチではより的を絞ろうということで、イベントを後援することにした。事務局が「有言実行」して公にサステナブルな社会へ向けてコミットするよう仕向け、キャンパスのエネルギー効率向上を目指すイベントだ。

ところが、そのイベントを企画し始めると、前にも増して障害に行き当たるようになった。あるとき、私は仲間の学生と事務局との会議に出席した。そこでの会話は対立しているように感じた――こちらが押せば、向こうが押し返してくる。相手は協力したがっていないようだった。私は行き詰まりを感じた。

何が会話を行き詰まらせているのだろうか？　ジェイソンと仲間たちは「障害物」に行き当たったのだと説明することができるかもしれない。何者かがジェイソンたちの行く手に、意志の力や政治力で破壊したり乗り越えていくべき「障害物」を置いたという考え方である。何者かがこちらの取り組みを妨害してくるとき、どうやってそれを乗り越えればいいだろう？　ソウル・アリンスキーの『市民運動の組織論』はこの問いにまつわる古典で、強大な敵とそれに抵抗する人びとを想定したものだ。[1]

しかし本書では、「障害物」とは別のたとえを用いよう。こちら側にある行き詰まりの原因に焦点をあてるものだ。そのたとえとは「落とし穴」あるいは「見えない罠」である。この比喩も会話の行き詰まりを考えるのに役立つ。人はより良い世界を目指す道のりのなかで落とし穴にはまり、特定の種類の心のなかの会話やあり方に陥ってしまう。この比喩の核をなすのは、罠のなかに置かれた美味しそうで思わず手にしたくなるエサだ。そのエサに飛びついてしまうと、行き詰まって代償を払うことになる。

そのエサは「オーセンティシティ」を欠如させる大きな要因となる。エサを特定し、その誘惑を振り払うことによってはじめて、罠から這い上がり、進む道を発見することができる。[2]先のジェイソンも、次のようにして落とし穴から抜け出したのだった。

会議室で、エルサ・オリヴェッティが率直な意見を述べた。彼女は数年MITに在籍する大学院生だった。「あなたのアプローチは『自分以外の誰かが何かをするべきだ』というものに感じる。私のアプローチはいつも『私が力になる』というものなのに」

彼女の言葉が私に大きく響いた。彼女は実際に前向きで協力的だと感じていたからだ。私は立ち止まり、深呼吸をして、自分のなかでこうつぶやいた――「私が力になる」。

その新しいアプローチのことを考えると、息の詰まるような緊張が走った。「力になる」ということは、実際に自分がその仕事を手がけ

落とし穴と抜け道

るということも意味する。自分の負担が増えすぎてしまうかもしれない。意義ある影響を与えられないかもしれない。もちろん、それらはまさに私たちが事務局に受け入れろと要求していたリスクだった！　その瞬間、自分たちがどれほど独善的であったか、楽をしていたかに気づいた。

それと同時に、自分たちの現在のアプローチが掲げた目標へ到達する助けになっていないことも明白だった。私たちは行き詰まっていた。そこで私は「力になる」というスタンスを取ることにして、それを指針にしながら考え、会話した。するとたちまち、会話が変化した。むやみに意見を戦わせるのではなく、自分から相手に問いかけるようになった。私たちが後押しすることで力になれそうな素晴らしい活動を密かにしている大学院生たちが存在することを知った。私たちのイベントは結局「ＭＩＴジェネレーター」という、キャンパスのサステナビリティに関する実践可能なプロジェクトを学生たちがプレゼンするシリーズ企画になった。

事務局の上層部からの反応は極めて協力的だった。学生たちは何十ものプロジェクトを生み出し、ＭＩＴは包括的なエネルギーおよび気候変動対策の長い道のりを何歩も進めることができた。

先ほどの落とし穴の比喩を、このMITのエピソードに当てはめてみよう。ジェイソンは「行き詰まり」、何の進展もない会話を繰り返して時間を浪費していた。この時点での「心のなかの会話」は、「サステナビリティについて真剣に考えてもらいたいのに、事務局は分かってくれない」というものだった。ジェイソンの「あり方」は独善的でいら立ったものだった。自分は楽をして、正義の弱者のように振る舞って、事務局に責任をなすりつけることができるという「エサ」に飛びついていた。ジェイソンは頑なに「こちらは分かっていて、向こうが分かっていない」と思っていた。そのエサを振り払うまで、新しい道を進むことはできなかった。友人の助けを得て、彼は新しい「道」に目を向けることができるようになった。「どうすればサステナブルなキャンパスを目指す学生やスタッフや教員の優れた取り組みの力になり、協力的でいられるだろう？」という道だ。

ここで著者が目指しているのは自分の落とし穴を特定する手助けをすることだが、それはなかなか難しいことである。落とし穴の多くは隠れているものだからだ。行き詰まることの代償は、薮のなかに埋められている。代償が存在することすら認めない人もいるかもしれない。物事が前進していかないのを誰かのせいにして、誰かが自分の道に障害物を置いていったと言って。人は自分が選んだ考え方は正しく、問題はないのだと思いがちだ。「エサ」は、自分がそれを求めていると周りにも自分にも認めたくないようなものであることが多い。たとえ頭では分かっていても、自分で自分の落とし穴を作ってしまっているのだと認めるのはためらわれる。エサを振り払って未知なる領域へと乗り出していくリスクを取るには、より一層の勇気が必要になる。

良い知らせは、誰もが落とし穴に落ちること、しかも多くの人がその穴にはまっていることだ！　みんなで同じ落とし穴にはまっているときは共にからかい合うことができる。ジェイソンと仲間たちは「（他の）誰かがやるべきだ」というパターンにはまっていた。その誰かの部分には色々なものが当てはまる。政府がやるべきだ、企業がやるべきだ、義理の兄弟がやるべきだ、向こうがやるべきだ。それは、問題が複雑で多くの当事者が関わるときについ引き寄せられてしまう落とし穴だ。「（他の）誰かがやるべきだ」と口にすると、自分が何か貢献しているようなフリができるのだ。本当はただ他人を非難し批判しているだけなのに。

行き詰まりは自業自得

最初のステップは行き詰まっていることを素直に認め、主体的にそこから抜け出そうとすることだ。「行き詰まり」は相対的な言葉だ――どこかに行きたい場所があって初めて行き詰まることができる。落とし穴を特定すれば、目的の場所へ効率よく進むことができる。

行き詰まりの結果を冷静に、明確に想像してみよう。自分の目標や大志という観点から見て、何を失ってしまうだろうか？　行き詰まっていなかったら、どこへ行けていただろうか？　成功していたら、世界に対して何ができていただろうか？　その答えが行き詰まることの代償だ。

それに他の代償や、「巻き添え被害」もあるかもしれない。軽蔑や、支配や、失望といった雰囲気は、人との関係に長期的な影響を及ぼす可能性がある。たとえば、まえがきで紹介したミカエラのエピソードのように。彼女は肥満や不健康な食生活をめぐって母親と対立し、一年以上一緒に食事をとらなかった。

あなたも自分の周りをより良くするための明確な目標を持っているかもしれない。しかしもし相手があなたのアプローチに傷つき、いら立ち、反発していたら、いったいどれほどこちらのメッセージに耳を傾けてくれるだろうか？　あなたはより良い世界への探究を支えてもらえるような関係を築いているだろうか？　周囲の人びとがオーセンティックでいられるような場を育んでいるだろうか？

行き詰まりの代償を考えることは、勇気とエネルギーを振り絞って状況を明確に見定め、行き詰まりから抜け出そうと試みるにあたって必要な作業だ。

エクササイズ9

行き詰まりの代償

行き詰まりの代償を特定するために、次の質問に答えてみましょう。

- 自分が行き詰まっていると気づくのは、どんなとき？
- 生み出したいと願いながら、生み出せないでいるのはどんな成果？
- 解決したいと願いながら、解決できないでいるのはどんな問題？
- 実現できていないのは、どんな目標や大志？
- どんな巻き添え被害を生み出している可能性がある？　いまのあり方は周りにどう影響を与えている？
- 行き詰まりから自分は感情的、現実的にどんな影響を受けている？

落とし穴——行き詰まりへとつながる心のなかの会話

第二のステップは、行き詰まっているのは自分だけではないと認識し、行き詰まりのパターンを知ることだ。第三章で指摘した通り、人のあり方には似通った部分がある。同じことは心のなかの会話にも言え、その内容は自分の所属するグループや組織や運動の仲間の会話を踏襲していることが多い。ひとたび行き詰まりへとつながる会話を特定すれば、日々の生活のなかで注意を払うことができるようになり、再び落とし穴に陥るのを避けることができる。参考に、サステナビリティをめぐる会話で陥りがちな落とし穴の例を表3に示した。あなたの活動における落とし穴は、これに似たものかもしれないし、もっとあなたの状況に固有のものかもしれない。

いくつか留意してほしいことがある。

- 表3に記している落とし穴がすべてではない。著者自身やワークショップの参加者たちが繰り返し直面した事例から抽出した典型例にすぎない。
- 落とし穴は複数が同時に生じることが多い。ワークショップに参加したあるエグゼクティブは、ひとつの落とし穴から次へ、また次へと、落とし穴をグルグルめぐって前に進めないと言っていた。

●落とし穴、というのはあなたの状況を百パーセント正確に言い表す比喩ではないかもしれない。ポイントは、この「落とし穴」の考え方を使うことで、自分の心のなかの会話やエサに注意を向けられるようになることだ。いったん自分の落とし穴を認識すれば、新しい会話を築く機会を得ることになる。

行き詰まりの代償	エサ
自分の力を見切り、主体的な変化を放棄するようになる。	楽ができる。世界はこうあるべきだというビジョンを持ちながら、それを実現したり創造する当事者意識や責任を持たずに済む。
人が日々の仕事を越えてでも行動を起こす気になるような巻き込み方をできなくなる。「こちら VS あちら」の構図の出現。	（自分だけが）正しく、賢く、他より優れているという感情。不確かな世界のなかで「自分は正解を知っているのだ」という確かな気持ち。 相手が間違っているのだということにして、相手より優位に立つ。
活動をするうえで他のグループとの連携が取れなくなる。分断されてしまう。 個人的成長が制限され、他人から学んだり、他人と協働する可能性が減少する。	自分が正しく、周りが間違っているという感覚。 不確かな世界で確かでいられる。 個人としての重要性や偉大さを正当化されるような感覚。
孤立、燃え尽き。 他人を感化したり変化をもたらすことができなくなる。	他人より優れている、または自分こそが正しいという感覚。

表3　典型的な会話例

落とし穴の種類	会話例
誰かがするべきだ	「企業が……をするべきだ」 「政府が……をするべきだ」 「中国が……をするべきだ」 「相手が……をするべきだ」 「私は……をすることはできない。私がそれをするにはもっと多くの金、権力、コネクションが必要だ。だから、向こうがするべきだ」
君よりは高潔だ	「私は君より高潔だ（なぜなら私は自転車をリサイクルしているからだ、など）」 「私は君より物事を分かっている（なぜなら私は科学を知っていて、システム視点で物事を見ているからだ、など）」 「私は君より君が何を求めているか知っている（なぜなら私は幸せになる方法についての哲学書を読んでいるからだ、など）」 「会話さえできないな（なぜなら君は理解しないからだ、あるいは気にしていないか、理解しているのに自分の目的のために真実を歪めるからだ、など）」
先のことは分かっている	「それは漸次的な変化に過ぎないんだ。私たちに本当に必要なのは革新的な変化だ」 「私たちは最も大きく、最も貴く、最も重要な問題に取り組んでいるんだ」 「なぜ海洋生態学者が私の風力発電所へ邪魔しにくるんだ！」
一匹狼	「自分が変化を体現している」 「向こうは分かってくれない」 「システムが間違っている。私はそこに与しない」 「ここは私のコミュニティじゃないな」

行き詰まりの代償	エサ
コミュニティや組織内の多様な価値観に立脚した解決策を生み出すチャンスを失う。 さらに高いクオリティを目指そうというモチベーションを共有するチャンスを失う。	自分こそが正しいという感覚。 道徳的な優位性を主張できる。 対立する意見を真剣に検討するという大変な作業の回避。
障害に直面したり麻痺状態に陥る。 力を合わせる機会の逸失。 外部（たとえば市場）へ影響を与えようとする主体性や責任感の放棄。	自分が正しく、周りが間違っているという感覚。 経済的価値の創造や稼ぎを他人に頼る。 経済的成功を妬まないでいられる。 ミッションを重視した事業における緊張感に向き合うことを回避できる。
数世代にわたって影響力を持ち続ける力の喪失。 オーセンティシティの喪失（長期的な計画を支持しながらも、短期的な「危機単位の」戦略を採用する。本質的に不平等に立脚し、不平等を持続させるような平等を支持する。相手に力を貸すと言いながらも接点を失う）。	切迫感の演出。 排他性。エリートを追いかけ、エリートと動く。
人間やその他の生命への慈しみを表現する力の喪失。 愛するものを他者と共有する力の喪失。 人間中心主義あるいは人間嫌い。	確かな感情。 問題を簡略化し、責める対象を持つ。
未来よりも過去に焦点を当てる。 会話や振る舞いが能動的、創造的、革新的、統合的というよりも受動的になる。 他人の長所や資質を見なくなる。	物事の筋道を間違えない。 複雑な世界のなかで思考をシンプルに保てる。 怒りの矛先として明確な敵を設定できる。

表3　典型的な会話例（続き）

落とし穴の種類	会話例
これがやるべき正しいことだ	「私たちは……（より環境に優しい製品を買ったり、リサイクルをしたり、電気を消したり）するべきだ。なぜなら、それはするべき正しいことだからだ」 「これはモラルの問題なのに、みんなコストや利益に注意を向けすぎている」
無私または身勝手	「あの人たちはただ儲けるためだけにやってるんだ」 「あの強欲な奴らこそが問題なんだ」 あるいは 「あの人たちはビジネスを理解していない。私たちは生計を立てなきゃならないし、自分の子供たちに苦労させたくない」 「あの環境保護論者たちは夢見がちなユートピアに住んでるんじゃないか」
いますぐにだ！	「私たちが直面している問題はあまりに規模が大きく、喫緊の課題なので、教育に投資したり、『合意形成』を行って時間をムダにしている場合ではない」 「何より求められているのは、ビジネス界や政界のリーダーたちに影響を与えることだ。そうした面々こそが変化を生み出す力を握っている」
人間あるいは自然	「人間こそが問題なのだ。人間が多すぎる」 あるいは 「自然は二の次の問題だ。あの視野の狭い人びとは、もっと人間が苦しんでいる問題に目を向けるべきだ」
問題中心主義	「これは間違っている。なぜこのようなやり方をしているのか？」 「この／あのコミュニティ・国・組織はあまりに多くの問題を抱えている」

エクササイズ10

落とし穴を認識する

よくある落とし穴の数々に照らし合わせて振り返ると、大切な目標へ効率良く進んでいく道を見つけやすくなります。

前出の表のなかに、自身の友人や家族や仕事仲間のコミュニティで生じていると感じた落とし穴はありますか？

自分はどの落とし穴を作っているでしょうか？

どうしてこうした落とし穴に陥りがちなのだろうか？　どうして望む結果が得られていないときに、こういった会話がよく起こるのか？　落とし穴を自在に避けられるようになりたければ、エサについて理解するといい。

エサの特定は行き詰まりから抜け出すのに役立つ

一四世紀中央アジアのイスラム神秘主義者たちの逸話「サルの捕まえ方」は、この「エサ」という考え方をよく表している。ひとりの猟師がビンのなかにサクランボを入れておいてサルを捕まえる話だ。サルがビンに手を突っ込んでサクランボを握りしめると、丸めた手は大きすぎてサクランボを手放さないかぎり抜けなくなる。サルはサクランボを放そうとしないため、罠にかかってしまうのだ。[3] インターネットの動画では、似たような手法を現在でもアフリカの狩猟採集民たちが実践している様子を見ることができる。[4]

世界を向上させるための会話ではもちろん、エサはビンのなかのサクランボではない。実際の罠にかかるわけでもない。しかしながら状況は同じだ。何か褒美のようなものにしがみついて、それを手放すという選択肢があることを忘れてしまうのだ。その褒美とはどのようなものだろう？

まず、そのエサや褒美が何ではないかを知ることが重要だ。エサはより良い世界に向けた長期的な目標の成果物ではない。仕事がよくできたという満足感でもない。新しい可能性が開かれていく健全な関係に付随する喜びでもない。エサや褒美こそが目標で、自分の活動を通して求めているものだというなら、それでいい。しかし、エサには裏の側面があり、知らぬ間にあなたを非生産的な会話に導いて、行き詰まらせる。

多くのエサは「立派な」ものではない。「自分は高邁な目標だけを追っているのだ」と言いたくなる気持ちがあるように、たいていエサとは自己中心的なものである。ワークショップのなかで、行き詰まった具体的な会話を振り返ってもらうと、多くの参加者は初めの振り返りでは、エサを次のように前向きな言葉で説明することが多かった。

- 「自分は他とは違うと思うこと」
- 「時間を節約して効率的でいること」
- 「友情を保つこと」

さらによく内省してもらうと、どの参加者も化けの皮が剥がれていく。「他とは違う」とはつまり自分の方が優れていると信じ、他人に対して支配的なあり方になっていたということだった。そういう状態を脱したときにはじめて、人は他人に協力的になり、違いを生むことができる。「時間を節約する」とは実のところ、込み入った会話をして傷つくのを避けていたということだった。「友情を保つ」とは実のところ、衝突を避けるということで、皮肉にも、そのことが親しくなる機会を減らしていた。

つまり、「私はより良い世界を求めているが……」という文章において、エサは目標として掲げている「より良い世界」ではない。エサは、ロバート・キーガンとリサ・レイヒーが言うように「裏の目標」[5]だ。エサは、問題の捉え方や、その問題に対する自分のあり方のなかに隠されている。

私たちがコーチングを行うなかでも、エサを認識することが落とし穴の特定にあたって最もハードルの高い作業であることが多い。その理由のひとつは、自分を陥れているエサに向き合うのは気が重いからだ。あるものを求めていると言いながら、密かに別のものを求めるというのはオーセンティシティの欠如のごく基本的な形態だ。救いなのは、より良い世界を目指す会話におけるエサの大半の形態は、わずか四つの言葉に凝縮できることだ。「正しさ」「善」「揺るぎなさ」「安全性」である。[6]自分のエサに合うものがあるか見てみよう。

エサはたいてい正しさ、善、揺るぎなさ、安全性を含む

エサの基本的な四つの形態を詳しく見てみよう。

「正しくある」のは気分が良いことだ。学校では「正しい答え」を覚えることで褒められてきた。

優秀な成績を残して、両親や教師が満足げにうなずき、自分はこの世界で重んじられているのだと安心感を抱く。あるいはそうした経験をしてこなかったからこそ、正しいとか、賢いとか、博識だとか、正確だという感覚を得られるのが何よりの褒美に感じる。

「自分は善いことをしている」と感じることもまた魅力的だ。この状態でいるとき、人はマハトマ・ガンジーの言葉を（間違って）引用することになる。「起こしたい変化を自分が体現するのだ」。「善」であろうとして、人は何らかの犠牲を払うことが多い。赤身の肉を食べるのを止める？　友人たちはみな金融業界へ進んでいるのに、自分は非営利団体の低賃金の仕事を引き受ける？　そうこなくっちゃ！　悪人を糾弾するときは聖者のような気分になりやすい。そして糾弾する相手として選べる悪人は世の中にたくさんいる。

「揺るぎない感情」は非常に心地いい。揺らいでいる状態はすごく落ち着かないからだ。地球に優しくあろうとして赤身の肉を食べるのを止めたうえで、さらにまた、この野菜でつくった代用肉も同様かそれ以上に環境に悪いのではないかなどと考えたいだろうか。そんなことを考えるよりも、人は「これこそが正しいことで、みんなもするべきだ」と思いたがる。反対に、気候変動の問題をうそっぱちだと見なした場合、揺るぎない心でいれば、自分の行動に厳しい問いを投げかけなくてもよくなる。

「心理的安全圏にいること」は、会話の行く末をうとんで、会話を避けるときに最もよく現れるエサだ。もちろん、世界に変革をもたらすには、他人を巻き込んでいく必要があるだろう。しかし、第三章で紹介した環境活動家の典型的な特徴のリストを思い出してほしい。わざわざ、極端で、独りよがりな環境論者だと（あるいは、自身の活動における似たような文句で）なじられるようなリスクを冒したいだろうか？　自分の上司に、隣人に、両親に、あるいはチームのメンバーに大切な問題への協力を求めたのに、あっさりと拒否されたときのことを思い返してみてほしい。心が痛くなる！　自分の大切なことは自分のなかにしまっておいて、似たような思考の仲間たちとの愚痴り合いを楽しんでいた方がずっと安全なのである。

安全圏に留まる最善の方法のひとつは、行動を起こしたって成功しない理由を正当化することだ。多くの人が効果的な行動を起こさずに、「自分は正しいのだ」「善いことをしているのだ」という態度を取ってしまいがちなのは、その方が安全でいられるからである。だが安全でいるというのは、効果的な行動を取らない弱虫がとびつくエサだ。

あなたは自分がこんな風に隅にこっそり隠れた、引っ込み思案の活動家ではないと思っているかもしれない。「安全でいようとなんてしていない。立ち上がり、どんな変化が必要か人に説くことだっていとわない。どれだけこき下ろされても、そのたびに立ち上がっている」と。これについてはこんな冗談がある。「ぜひ救世主になってみたいものだが、殉死者のままで甘んじておこう」

これは、たとえば先述のＭＩＴの活動のような、何らかの活動の初期段階でよく見られる。勇敢なように見せながらも、実際は殉死したままの活動家でいれば、問題解決に必要な時間やエネルギーを注がないで安全圏にいつづけることができるというわけだ。

こうしたエサの隠された特徴は、活動全体に「オーセンティシティ」の欠如をもたらす。人は、自分の人生の目標が、「正しく」、「善であり」、「揺るぎなく」、「安全でいること」だと言って回ったりはしない。周りには「より良い世界を目指している」と言って回っている！ 実際にはどちらも欲しているのだ。そして両方を求めるのはまったく悪いことではない。人間というのは複雑なものだ。シンプルであるかのようなフリをするから、道に迷ってしまうのだ。

エクササイズ11

罠のなかのエサを認識する

第三章で振り返った会話について考えてみましょう。

●自分のあり方、心のなかの会話、そして物事の捉え方は、自分こそ正しく、周りが間違っているというものになっていないだろうか？

●独善的になっていない？

●自身のアイデア、行動、そして戦略は確かで揺るぎないのだというスタンスを取っていない？

●自分のアプローチは、衝突や、羞恥や、労苦や、ぶざまさや、トラブルや、その他の困難から遠く離れた、安全圏にいるものになっていないだろうか？

表3に戻って、「エサ」の欄をあらためて見てみましょう。自分はどの隠されたエサを追っていると感じますか？　もしかしたら自身の活動の効果を代償にしているかもしれません。

落とし穴の見取り図を作る

自身のあり方に加えて、心のなかの会話、行き詰まること、そしてエサについて少し深く知ったところで、自身の状況を振り返ってみよう。

エクササイズ12

落とし穴の見取り図を作る

自分の望むようにいかなかった会話、あるいは自分が避けてきた会話について思い返してみてください。

● **自分の心のなかの会話を認識する。**自分は世界の基本的な問題をどう捉えているでしょうか？　自分自身や周りについて心のなかで何と語っていますか？

●**自分のあり方を認識する。**問題に対処するときの自身のスタンスやトーンはどのようなものですか？　自分について、周りはどう感じ、何を思っている？　自分の周りにいるとどういう感じがするでしょうか？

●**行き詰まることの代償を認識する。**行き詰まることで何を失っているでしょう？　効果的な行動を起こしていないことの代償は？　まだ達成できていない目標や大志は何でしょう？　どんな巻き添え被害を生んでしまっている？

●**罠のなかのエサを認識する。**自身のあり方や問題の捉え方は、自分こそが正しいのだと思わせるようなものになっていないでしょうか？　独善的になっていないでしょうか？　揺るぎなさにしがみついていませんか？　安全圏に身を置いていないでしょうか？　会話が機能すらしていないときに、得ているものは何でしょうか？

落とし穴を特定するという行為は、それに陥らない道すじを発見する助けになる。著者二人はそうやって道を見つける様子をワークショップで目にしてきた。クスッと笑い声が聞こえたかと思うと、参加者は言うのだった。「やっぱり、あんなやり方はもうしないことにする！」。あなたにもそんなことが起きるかもしれない。自分が会話を避けて安全圏にいると気づくと、漠然と不安を覚えることもある。それは現状から飛び出したいと願う自分がいることに気づいた証だ。

しかしながら、落とし穴を特定しただけでは、こうはいかないこともある。多くの場合、本当にエサから手を引くにはもう少しだけ勇気が必要で、罠から抜け出すにはもう少しだけエネルギーを費さねばならない。新しいことを試みるにはもう少しだけ想像力や計画が必要になるのだ。

次の章では、次なるステップへのカギを提供する。自分が本当に何を求めているかを明確にし、勇気を持って自分や周囲に伝えるというステップだ。エサよりも自分が心からほしいものをハッキリと語ることができるようになれば、エサを手放すことができるようになる。

第四章　まとめ

● 人は望む結果が得られていないときでさえ、自身のあり方や戦略に固執してしまうことが多い。

●行き詰まって抜け出せなくなるのは、その状態でも見えにくい形で利益を得ているからだ。つまり、自身が作っている落とし穴のなかにある「エサ」を得ているのである。

●典型的な落とし穴の数々には、それぞれに特有な心のなかの会話、行き詰まりの代償、そしてエサがある。落とし穴にはたとえば、「君よりは高潔だ」「（自分以外の）誰かがするべきだ」「一匹狼」「先のことは分かっている」といったものがある。エサを手放さない限り落とし穴から抜け出すことはできない。

●エサはたいてい、複雑な問題に対して自分は「正しいのだ」「善いことをしているのだ」「揺るぎないのだ」という気分にさせてくれるものだ。仲間の輪のなかに閉じこもれば、衝突から「安全でいられる」。

●**やること**：行き詰まっている具体的な会話を振り返って、自身の落とし穴を認識しよう。行き詰まりの代償や、落とし穴にあるエサが何かも見てみよう。人は誰しも落とし穴にはまる。みんなそうなのだから自分自身を笑い飛ばしてしまおう。落とし穴から抜け出すカギは、行き詰まっていることを主体的に認め、そこから抜け出そうとすることだ。

5
事実による説得を超えて
真の望みを恐れずに伝える

なぜ人は対立や行き詰まりを生むほどに世界の問題について真剣に考えるのだろうか。たいていの場合、何かの活動の根っこには、人を突き動かすもの、たとえば家族やコミュニティ、あるいは物理的な場所への愛がある。そうした愛や思いは、より広く国家や人類やその他の生命へと拡がっていくこともあるだろう。それらの未来をめぐる夢やビジョンに突き動かされることだってあるだろう。そして、自分の仲間や場所や夢が危機に晒されていると感じると、人は結束して行動を起こす。

しかしながら、会話が行き詰まるときには、おかしなことが起こっている。議論や討論のなかで、自分が愛するものを語るのがあまりに無防備なことに感じられるのだ。それに、自分とは優先するものが違う相手の場合、自分が愛するものを打ち明けるのは効果的でないかもしれないと不安になる。だから心を打ち明ける代わりに、世界の問題点をより客観的に語る。問題や解決策について、相手を説得できると思うようなやり方で話す。相手自身や、相手の振る舞い、そして相手のアイデアの悪い点にばかり注意を向ける。第四章に記した、「正しくあること」「善であること」「揺るぎなさ」「安全」といったエサに食いついてしまう。

会話を変えていくにあたり、自分自身や、自分にとって何が一番大切かを再認識することから始めよう。そうして新しい自身のあり方と共に進んでいくことで、まったく新しい会話に向けた下地ができる。

この種の探究の例として、著者の一人、ガブリエルの短いエピソードを紹介しよう。

ヨーグルトの容器は第五種のプラスチックで、第五種のプラスチックはリサイクルできない。しばらくのあいだは、私がリサイクル・プラスチック用の青いゴミ箱から容器を取り出してエコバッグのなかに入れておき、食品スーパー「ホールフーズ」にある「ギミー5」という回収ボックスへ持っていくまで取っておいた。数か月がすぎても、妻のサラはそんな分別のことには気づかず容器をゴミ箱に入れ続けるので、ある日私は第五種の容器はエコバッグへ入れるよう伝えた。

状況は私に味方しているはずだった。彼女はこういった環境に関する私の価値観を共有してくれ、私を愛してくれ、私がより良い世界を作るのに尽力しているのだと理解し、そんな私と結婚してくれた。しかしそうでありながら、分別についての最初の会話はまったく効果を発揮しなかった。二度、三度、四度言ったあたりで、第五種の容器の分別を始めはしたが、それも三回に一回くらいのものだった。さらに数か月が過ぎても私はゴミ箱から第五種の容器を拾い出さねばならず、そのたびに少しずつ怒りを溜めていった。最終的に、私はもう一度頼んだ。「お願いだから第五種の容器はエコバッグに入れてくれ」

彼女の表情から、私たちは意見を共にしているわけではなかったのだと気づいた。それならば、彼女に私が知っている知識を教え、分別に対する私の経験や考えを伝えれば、助けになるだろうと思った。私は容器を正しく分別する私なりの理由を伝えていくことにした。

●そうするのは正しいことだから。
●シンプルだから。容器に書いてある数字を見て、もしそれが五なら、ホールフーズ用のエコバッグに入れるだけでいい。
●リサイクルできないものを入れた状態でリサイクルゴミをだしてしまうと、「汚染」とみなされる。その率が高すぎると、その地域で収集したゴミが丸ごとリサイクルされずに廃棄されてしまうかもしれない。そうやって、間違ったものをゴミ箱に入れることは、わが家のリサイクルを台無しにしてしまうだけでなく、近隣全体のリサイクルを台無しにしてしまう。

この時点で、サラの表情は変化していた――しかしそれは良い方向にではなかった。その後数週間、彼女は第五種の容器を選り分けることを完全に止めてしまった。エコバッグから容器をいくつか取り出してゴミ箱に入れたことすらあるんじゃないかと思う。私は結局、システムを作って提案することにした。「リサイクルできるかもしれないものは全部キッチンの隅にまとめといてくれ、毎日僕がしかるべき場所に選り分けるから」

これは機能しているように思えた。でも数か月後、サラは私に言った。「ねえ、私はむかし親にリサイクルのやり方を教えた。おじいちゃんおばあちゃんにも、友だちの親にも。むかしはリサイクルが大好きだったの。でも、あなたと暮らすようになって、もうリサイクルはしたくなくなった」

解決策を導入できたかと思いきや、結局妻の怒りを買い、彼女のリサイクルへのモチベーションを後押しするのではなくむしろ削いでしまったし、狭いキッチンスペースの大部分を、リサイクルの選り分けで占領してしまうことになったわけだ。

こうやって振り返ることで、ガブリエルは自らが落とし穴に陥っていることに気づいた。彼はきちんとリサイクルすることに関して、「自分こそが正しいのだ」「自分は善いことをしている」という感覚を持てるというエサに食いついていた。リサイクル活動が前進しないという代償を払い、夫婦関係にも二次被害を生んでいた。しかしそういったことを認識するだけでは罠から抜け出すには十分ではなかった。

内発的動機を知る

前進するために、ガブリエルは、また別の「オーセンティシティの欠如」と向き合わねばならなかった。彼がサラに伝えた「正しくリサイクルする理由」は、なぜ彼がリサイクルをするのかを説明するものでも、なぜ彼女とも一緒にリサイクルしたいのかを説明するものでもなかった。彼が挙げた理由は妻を説得するにあたり、自分は「正しく」「善いことをしているのだ」と聞こえるよう選ばれたものだった。彼は自分に正直になって考え、自分の関心がリサイクル可能なものを正確に分別することにあるのではないと悟った。そもそも家にゴミ箱はひとつの方がいい。家での選り分けを必要としないシンプルなリサイクルシステムになっているか、とにかくすべてがリサイクルできる状態になっている方がずっといい。彼が本当に求めているもの、彼をリサイクルへと駆り立てた最初の原動力は、ゴミのない美しい世界への思いである。その世界では、各生物が出す副産物を見事に再利用する自然界のシステムのように、人は簡単にリサイクルができる。

そして実際に、リサイクルをめぐる一連の格闘を経て、彼は自分が何より求めているものを知った。妻サラとの確かな絆だ。さも自分は答えを知っているといった偉そうな「あり方」を止め、愛と余裕をもったあり方に変わると、自分が本当に求めていたのは「サラの旅のパートナーとして、世界へ貢献する最善の方法を一緒に考えていくこと」だと悟ったのだった。心のうちをさらけ出すような言葉をかける代わりに、それまでの彼は、「正しいゴミ箱に選り分ける」という小さな安全圏のなかでゲームを行って、感情を排した事実だけを連ねて理屈づけしていた。

ガブリエルのエピソードには章の後半でもう一度戻ってきて結論を述べることにしよう。ひとまずいまは、自分にこう問いかけてみてほしい、なぜ自分が取り組んでいる活動はそんなに重要なのだろうか？　なぜ周りはその活動に賛同すべきなのだろう？　なぜ周りの人びとも地球温暖化に注意を払わなければならないのか？　なぜ人身売買について心配するべきなのだろうか？　自身が関心のある問題について、しばらく時間を取って振り返ってみよう。

エクササイズ13

なぜその取り組みは自分にとって大事なのか？

自分にとって大切なテーマや問題や目標をひとつ選んでください。エクササイズ1のリスト1で挙げた問題と、エクササイズ2で特定した行き詰まっている会話のトピックを思い浮かべてみるといいでしょう。

自分のノートの、新しいページの一番上に、「「あなたの目標」が大切な理由は……」と書きましょう。

それから、その文章を完成させてください。パッと頭に浮かんだことでかまいません。それを繰り返して、一〇個ほど書き出してみるのです。

その問題について、周りも関心を持って取り組む必要がある理由を説明するときに自分が用いてきた根拠や理屈をすべて書き出すようにしてください。

書き出したリストは、著者自身やワークショップの参加者たちのなかに見られた以下のパターンに当てはまらないだろうか。

- 自分の目標を、自分の経験や、価値観や、感情に関するものではなく、抽象的な問題や論点のように見なしている。
- 自身の価値観、大志、そして夢を、身に迫る危機やお金といった「外発的動機」で言い換えている。そうした外発的動機——ある行動を取る代償やメリット——を語り、もともと自分を駆り立てたものを伏せている。
- そのようなことになるのは、自分が大切に思うものを周りが大切にするわけではないと教えられているからだ。

この文脈で、以下のような状況に覚えはないだろうか。

- 自分自身についてや、胸のうちや、愛を明かさず、「事実」だけを伝えることで、批判されるリスクを避ける。安全圏にいて、自分をさらけ出すのを避けるというエサに飛びつく。
- 周りを活動に引き込もうとするが、自分が共有したい素晴らしい内発的動機に合わせて周りが変化してくれない。そうしているあいだに、自分自身の内発的動機も失われていく。
- いら立ちが募り、諦めるようになる。前にも増して外発的な正当性や動機で自分にも他人にも説明するようになる。

「オーセンティシティ」が欠如した状態とはつまり、理想の未来を考え、愛し、ビジョンを持っているのに、行動がそれに見合っていない状態だ。心は何かに突き動かされているのに、その何かを人に伝えていない状態だ。そのうえ、伝えてさえいないのに、自分の心を突き動かすものに相手が動かされないことに腹を立てる。

どうすればこのサイクルを断ち切れるだろう？　どうすれば自分にとって本当に大切なことを伝えられるだろう？

まずは、自分の動機、理由、正当性について、私たちが呼ぶところの「フットボールテスト」をしてみることから始めてみよう。活動に従事していると、なぜフットボールの試合は、社会的な取り組みよりも簡単に何百万人も動員できるのかと不思議に思うことがある。しかしある意味で、その答えはシンプルだ。観戦に向かう人びとに「どうして試合に行くのですか？」と聞いてみるといい。その人たちはきっとこんなふうに答えるだろう。

「面白いからさ！」

「うちのチームは最高なんだ！」

「観に行くのが好きだから！」

「大ファンでね」

さらに食い下がって「なぜ?」と聞けば、なぜ面白いのか、なぜ好きなのか、あるいはなぜチームが最高なのかを示す事実や理由を絞り出してくれるかもしれない。しかし観戦に行く人びとはおそらく、次の最も簡単な答えが一番しっくり来るのではないだろうか。「だって好きだから」

「だって好きだから」や「ファンなんだ」という答えは、内から溢れ出る、あるいは自分がそう決めた動機だ。どんな外的状況や理由にも判断の根拠を置いていない。それらの言葉が表しているのは自身の関心や自分自身であり、その言葉自体が理由である。なぜ自分がフットボールを愛しているかを説明するのにどんな理屈も正当化も必要ない。ただ好きなのだ。フットボールテストとは次の質問に答えることだ。自分が大切にしている問題を、これほどシンプルに、自明のことであるかのように語ることができているだろうか?

たとえば、著者の一人であるジェイソンは気候変動問題へ取り組む動機について次のように語る。

私は雪山に惚れ込み、沿岸部の都市を愛している。そういう場所を子供や孫たちも楽しめるようにしておきたい。私は複雑な問題について頭を働かせるのが好きなんだ。より良い世界を目指して、それぞれの夢を語る人びとと共に取り組むことに刺激を受けている。

では、しばらく時間を取って、自分にとって大切なものを自分がどのように語っているか振返ってみよう、エクササイズ13で挙げた理由も含めて。それらの理由は自分で決めたものだろうか？ 重要性を正当化するにあたり、外部の要素や誰もが知る文化的価値観に頼ってはいないだろうか？ ひとつ例を見てみよう。人身売買を食い止めるのは私にとって大切だ、なぜなら……

「人びとが苦しんでいるから」
「毎年五〇万人以上の犠牲者がいるから」
「そうするのが正しいことだから」
「子供たちは売買されるべきではないから」

どれも人身売買に対して行動を起こさねばならない理由として重要で正当なものだ。悪い理由でも間違った理由でもない。しかしながら、ガブリエルが正しくリサイクルしなければならない理由として挙げたものと同じように、これらは内発的な（あるいは自己決定に基づく）動機について語ったものではない。

「ちょっと待って。人身売買（あるいはあなたの取り組む問題）を食い止めるのは個人的に重要なことで、自分は心から大切だと考えている」と思うかもしれない。「私は正しいものを正しいゴミ箱へ入れることを個人的に大切だと思っている」「（自分の目標に対して）内発的な動機がある」と。もしそれが本当なら、本書はその動機を体現し会話のなかで表現する手助けができるだろう。自身の内発的な動機の力を認識し、他人にその力を波及させることができるようになるはずだ。この変革は語る内容を変えることから始まる。

ガブリエルのリサイクルのエピソードを振り返ってみると、彼が語っていたのは外発的な動機だった。自分が愛するものを伝えるかわりに、彼は事実と理屈で妻を恥じ入らせて正しくリサイクルをさせようとした。誰しも、内発的動機を認識しながらも、周りには外発的動機を語ってしまいがちだ。[1] そうすると内発的動機を伝えきれなくなるどころか、外発的動機によって自分の内発的動機が駆逐されていってしまう。そうやって、ガブリエルと妻のリサイクルへの内発的動機はすり減っていったのである。

自身の内発的動機が明確で、対立が発生する可能性のある会話でもその思いをきちんと伝えているのであれば、それは素晴らしい。しかしながら、周りがその思いに関心を持ってくれていないように見え、行き詰まりを感じることもあるのではないだろうか。もしそうなら、行うべきは

「相手の」内発的動機に耳を傾けて、自分の動機との生産的な緊張関係を受け入れることだ。その方法については第七章で詳しく述べるが、本章でのパートナーとの取り組みはその下準備になる。さらにいま頭に浮かんでいる内発的動機だけが自分の心にある唯一の動機であるかどうか、そして「自分は間違っていない」とか「自分の行いは善だ」という態度になったり「揺るがず」固執することで自分のメッセージを伝わりにくくしていないかを慎重に検討することも大切だ。それが第四章で行ったことであり、このあと第六章で行うことである。

エクササイズ13で書いた答えの多くは、正しくリサイクルする理由の正当性を主張しようとしたガブリエルと同様に、外的な要素が多く含まれているのではないだろうか。外的な要素とは、自分の外にある問題、兆候、結果、善悪の文化的ものさし、事実、理由、言い訳などのことだ。自身の動機がどれほど外的な要素によって正当化されているかという点に目を背けている人もいるかもしれない。

あなたも自分の心に照らして決断する人生を送りたいとは思っているだろう。著者も「そうするのが正しいことだから」という表現を、内発的に動機づけられた言葉だと考えたくなることがある。しかしながら、それは社会通念上で正しいとされるものへ言及しているにすぎず、自分が愛するものについての個人的な吐露ではない。その言い方では内発的に動機づけられた活動を他人へ伝えるには十分じゃない。その言葉の奥にも、自己決定した動機が潜んでいる可能性はある。しかし、間違ったことをしている人に「正しいことをしろ」と言っても、耳を傾けてもらえるだろうか？　相手は心の底から焚きつけられ感化されるだろうか？　罪悪感や、恥ずかしさや、社会的プレッシャーから行動を変えようとするだろうか？

フットボールテストを思い出そう。真に情熱的なフットボールファンにフットボールが大切な理由を質問して、「好きになるのが正しいことだから」という答えが返ってきたりするだろうか？ファンたちは、あなたがエクササイズ13で挙げたような回答をしたりするだろうか？

先に述べた気候変動の問題に取り組むジェイソンの原動力は、「私が気候変動に取り組む理由は……」というような形では語られていなかった。外発的な要素を語る代わりに、気候変動は一種の「背景」となり、それに取り組むことを通して、彼は社会に貢献し自分が愛することをしているのだ。

もうひとつテストをしてみよう。正しいとされるものに従って振る舞わねばならないとプレッシャーを感じていないだろうか？　あなたや仲間にとって、あなたの活動を支持することが、精神的に疲弊したり燃え尽きてしまうほどに大変で、労力がいる、フラストレーションの溜まるものになっていないだろうか？　緊張関係が生まれたり、自身を十全に相手へ伝えることができない関係になっていないだろうか？　特定の人を完全に避けたりしていないだろうか？　こうしたものは、すべて内発的でない動機に付随してくるものだ。自分の信じるものを、自分自身や相手に対して絶えず正当化し続けるのは疲れることで、気力が萎えてしまう。心から湧きあがってくるものではないからだ。
ここで少し時間を取って、エクササイズ13で記した動機を分類してみよう。

エクササイズ14

自分がどんな動機を伝えているか（いないか）を知る

エクササイズ13で書いた答えを振り返り、内発的なものであるか外発的なものであるか、分類してみましょう。

● 内発的動機は、自己決定に基づき、自分を軸にして語られるものです。たとえば、「私は歌いたいから歌っている」というもの。あるいは、結局自分に戻ってくるものです。たとえば、「私が歌う理由は自分が歌うことを愛しているからだ」

「私は世界に平穏をもたらすべく、平穏を作り出そうとしている」「楽しいからやっている」「挑戦のためにやっている」「心が満たされるからやっている」「それを愛しているからだ」「それが自分だからだ」など。

●外発的動機は、自分の外側のものを理由に挙げるものです。たとえば、「そうするのが正しいことだから（道徳的権威や、次に挙げる事実に照らして）」「現状維持は間違っている／危険だ／コストがかかる／不公平だ／不十分だ／違法だ／健康に悪い」「それは事業／環境／社会にとって良い（悪い）」など。

自分が書いた言葉のみを手がかりに、その発言を相手がどう受け止めるかを考えてみましょう。書かれた言葉以外の要素を補って検討するのは避けてください。

自分が伝えている動機の混ざり具合を知りましょう。どの動機を初めに伝えていますか？　また、いくつか他の動機を挙げたあとで、初めて伝える動機はありますか？

自分で書いたものを、実際より内発的動機寄りに判断したくなる誘惑に気をつけましょう。エクササイズ13で書いた答えに追加や修正を加えたくなったり、評価づけにズルしたくなる気持ちに気をつけましょう。

最初にエクササイズ13に取り組んだときに、頭に浮かびながらも書かなかったもの――どんな理由であれ、書き出さないで、共有しないでいようと決めたものについて考えてみてください。いまならそれらをリストに加えたいと思うかもしれません。やっぱり外したままでいたいと思うかもしれません。それぞれ書き出してみましょう。

振り返った結果をパートナーと共有し、何が「オーセンティック」に聞こえたか、何が触発されるような言葉だったか、意見を聞きましょう。

自分にとって大切なことを他人に内面化してもらうのがこれほどまでに難しいのは、自分でも大切なものを内面化できていないからだ。実のところ、人はちぐはぐな行動をする傾向にある。何かに――アイデアに、場所に、人に、集団に――惹かれながらも、自分の心、つまり内発的動機を伝えるのではなく、説得力があると信じて内発的動機を外発的動機に言い換えてしまう。

あるいは他人の外発的動機を自分が何かを愛する理由として借用してしまう。

動機の語り方を変えるだけで違いが生まれるのかといぶかしんでいる人もいるかもしれない。「正しいものを正しいゴミ箱に捨てるのが好きなのは、正しいものを正しいゴミ箱に捨てるのが好きだからだ」という言い方は少しばかげているように感じるかもしれない。自分にとってオーセンティックな理由のようには思えないかもしれない。でももしオーセンティックに響くなら、この言い方はあなたの個人的なリサイクルの習慣を伝えるいい手段なのかもしれない。試してみてほしい。

「正しいものを正しいゴミ箱に捨てること」(あるいは「あなたの目標」)が、それ自体でやりがいや満足を得られるものでない場合、その目標は自分が何より求めていることではないかもしれない。

ここで「自分や相手の動機が内発的であろうがなかろうが関係ない。地球を救わなければみな死んでしまうんだ」とか「基本的人権は極めて重要な問題で、それについて人がどう感じているかなんて考慮してる暇なんかないんだ」と思う人もいるかもしれない。この場合、第一章で触れた「パワープレイ」や「フレーミング」が使えるかもしれないので、試してみてほしい。しかしながら、(ガブリエルの結婚生活のように)相手が活き活きと暮らすことが実は自分にとって一番大事だという人もいるだろう。自分の目標を達成するために相手と長期間持続的な関係を築く必要がある人もいるだろう。そうした状況では、（ガブリエルのように）外発的動機で語ることは、不本意にも、こちらが促そうとしている振る舞いや価値観から相手を遠ざけてしまう可能性がある。相手との関係が悪化してしまうかもしれず、しかも、最終的には、自分の燃え尽きにもつながってしまうかもしれない。

実際、ポジティブ心理学に関する研究や組織についての調査の多くが示しているのは、内発的な動機づけが、成功のカギとなる行動や結果を生み出すのに役立っているということだ。つまり創造性、困難な仕事に直面した際の忍耐力、精神的健康、柔軟な認識、深い学び、複雑さを伴う作業、ポジティブな感情、そしてエンゲージメントなどに役立っているのである。[2] 内発的動機づけは、内面の平穏、自身や相手の深い受容、信頼、そして実践的な振る舞いなどと相互に関連している。

極めて有効な形で社会的もしくは環境的な使命を掲げた企業では、社員たちは内発的な動機を持ちやすい。そうした動機は充足感、達成感、満足感、ポジティブな関係、エンゲージメントなど、やりがいや目的意識と関連している。「そうするのが正しいことだから」という外発的な動機は、こうしたやりがいや目的意識を生むには十分でないのだ。

本当に求めているものを表現する

自分の目標について考えてみよう。自分にとって大切だと言い続けてきたものが、実際には自分の真の望みを表すものでなかったらどうだろう。これまで言ってきたものが、可能性やアイデアのほんの一部だったとしたら。より大きな意味での可能性や夢、つまり自分の心や、世界のためにどんな自分でありたいかを表すものこそが内発的な言葉だ。それを広く伝えれば、いま自分が力を注いでいる問題も、その副産物や波及効果として解決されるだろう。

どんな未来を望んでいるとしても、その未来は自分の心にとって追求する価値のある、そして追求すること自体が価値を持つものであるはずだ。「人びとには突き動かされるような目的を持ってほしい。なぜならそれこそ私が求めるものだから」。そう語れば、それ以上理由を語る必要はない。「妻との温かい関係を求めている」「私はすべての人間、すべての家族を大事にしたい」。自分の内にある最善の未来をきちんと言葉にできたら、自身の内発的動機を認識し、周りへ伝えることができるようになるだろう。それは感動的なことだ。想像してみるだけで涙があふれるかもしれない。

エクササイズ15

自分の真の望みを思い描く

エクササイズ13で自分が書いたトピック、問題、あるいは目標が、自分の真の望みを表すものでないとしましょう。

これまで認識してきた目標には実は関心がなく、せいぜい本当に実現させたいものの一部でしかないと考えてみるのです。

自分の心が高鳴るのはどんな可能性、ビジョン、夢かを考えてみてください。

- 本当は何を愛している？
- 本当は何を世界に伝えたい？
- たとえ千年がかりで、結果を目にすることができそうになくても、取り組んでいきたい大志とは？
- 自己表現として、結果とは関係なく取り組む価値のあるものは？

以下の文につづく言葉をパッと思いつくままに書いてみてください。自分の心を弾ませるのはどんなことかを確認しましょう。

●私の夢は……

●私が力を注いで生み出そうとしているのは……

●私が支持しているのは……

そして最後に、いま書いたものに縛られずに、じっくり自分に響く形で自分の目標を作ってみましょう。

答えをパートナーとたがいに共有してください。パートナーの言葉に耳を傾けてコーチングし、たがいの答えを理解できるようになりましょう。このペアでの取り組みは、他の場所での、より難易度の高い会話を交わすための貴重な準備となるはずです。

自分を真に突き動かすものに辿り着いたら、人に伝えよう。周囲の人に、自分の言葉によって触発される機会や、自分に手を貸すか（貸さないか）を選択する機会を持ってもらうのだ。単に自分が突き動かされている様子から周りも突き動かされるようなことがあってもいい。「フットボールに（あなたの夢に）」喜んで参加してくれる人びとの顔ぶれを見て驚くことだろう――参加してくれるとは思いもしなかったような人がいるかもしれない。

何が自分の真の望みなのか言葉にできるようになることは、「恐れずに伝える」ことのひとつの要素だ。もうひとつの要素は、それを語るとき自分がどのように見えるかという点だ。自分のあり方はどのようなものだろうか。第三章では「自分の見え方を知る」方法について言及した。いまこそ自分をどう見せたいかを決めるときだ。エサを手放そう。過去のあり方を振り払おう。本当に生み出したいものに意識を集中しよう。自分はどのようなあり方でいたいだろうか？「U理論」を提唱するリーダーシップ研究者でMITの上級講師オットー・シャーマーは、「あり方（プレゼンス）」についてこう語っている。それは非常に深いレベルで観て聴いている状態で、心のなかの会話を脇に置き、心を静めるときに生じる。開かれた思考、開かれた心、開かれた意志が会話に持ち込まれる。彼は「プレゼンシング」を、過去の習慣を手放し、生じつつある新しい未来へと参加する力だと表現している。[3] 本書のエクササイズを重ねてきたあなたにもいままさにそういう瞬間が訪れているはずだ。

エクササイズ16

新しいあり方をつくる

ここ数章で振り返ってきた会話の行き詰まりを思い浮かべて、次の言葉を語るところを想像してみてください。

この会話や関係を進めていくにあたって、私は「　　　　　　　　　　」というあり方でいるようにします。それは私が本当に望む未来に見合ったものです。

空白部分に何を埋めますか？　できるだけ簡潔にすることを心がけてください。心でつぶやいてすぐに思い出せるくらいの、形容詞ひとつか短いフレーズがいいでしょう。

これは本書のなかでも特に重要な部分です。これまでに行ってきたことの多くは、自分のなかに新しいあり方を築くための余白をつくることが目的でした。この新しいあり方は、新たなアプローチや、新たな行動や、新たな結果をもたらすでしょう。

ここではどんなことを書いてくれと指示することはできません。これは変革の瞬間であり、生み出す力はあなたにかかっています。ヒントとして、いくつかの問いだけ示しておきます。

●人との関係や世界に対して、自分が本当に求めている未来とは？
●その未来に見合うあり方とは？
●いまこの瞬間その未来にいるとしたら、どう感じるだろう——自分のあり方はどうなっている？

これらは頭で考えて答えるのは非常に難しい問いです。ワークショップの経験上、体験型のエクササイズを実践していった方が明瞭な答えが得られるようです。自分が求める未来を知る手助けとして、次のエクササイズでは誘導瞑想（誰かの声や言葉によって誘導してもらいながら行う瞑想）を紹介します。[4] 誘導瞑想という言葉に目を丸くしているかもしれませんが、それはあなただけではありません。ワークショップでも、このエクササイズを理解してもらうには少し時間がかかります。でもワークショップを終えると——現実的で、懐疑的な企業の重役たちですら——これが最も貴重なエクササイズだったと語ることが多いのです。

エクササイズ17

誘導瞑想

背筋を伸ばして楽に座り、深呼吸をして、ゆっくりと次の文章を読み、ひとつひとつ体験したつもりになって想像してみましょう。

いまから三〇年後、いまだに世界は問題に満ちている。しかし事態は大きく進展している。実際、その大いなる進展にあなたは驚き感銘を受ける。いまだに苦しんでいる人びともいるが、全体としては、自分が想像していたよりも健やかで繁栄している。誰かをサポートしたいと思う人びとをサポートする仕組みもできている。地球という惑星の健康に関してもポジティブな変化が起きている。空も水もいまよりきれいになっている。生物の種や動植物の生息地も回復している。どの国も想像していたより平和だ。想像以上に多くの人びとがやる気に満ちて活き活きしていて、より良い世界を目指し力を合わせている。

目を閉じて、そんなところを思い浮かべてください。

さあ、続きはこうです。

この場所と時代に身を置いているあなたは、自分も何らかの貢献を果たしてきたことを知っている。その貢献は自分ひとりの成果ではなく、あなた個人がやったこと自体は、若かりし頃に思い描いたような大きなことではないかもしれない。しかしながら、あなたが成し遂げたこと――周りと力を合わせて達成したこと――は十分だ。そしていま、あなたはこの場所に立っている。解決すべき問題はまだあるものの、ここから解決に進んでいけることは明らかだ。乗り越えられないものはない。世界は次の世代へ喜んで受け渡したくなるようなとても素晴らしいものへと変わりつつある。

その未来では、次のような点はどうなっているか想像してみましょう。

● ニュースとして何が報じられている？
● 人は何を食べている？

●人はどう時間を過ごしている?

決して仲間になるとは思っていなかった人びとが、力を合わせてこの誇らしい変革を生み出していたとします。

●それは自分の目にどのように映っている?
●その人びとはどのように力を合わせている?
●自分はどういうあり方をしている?

目を閉じて、この未来をさらに詳細に思い描き、自分のあり方を想像してみましょう。自分はそれをどう感じ、周りはそれをどう受け止めているでしょうか。

準備が整ったら、ノートの新しいページを開き、一〇分間かけて自由に記してみてください。思い浮かぶままに。自分が想像したこと、感じたこと、そして特に自分のあり方について、考えたことを何でも書いてみましょう。

ワークショップで、この瞑想を行い新たなあり方を創造してもらうときは、参加者たちに自身の新しいあり方を口頭でも教えてもらう。それをスライドにタイプして全員に見えるようにする。そしてワークショップ後には、それらの言葉をデータとして残しておく。図3はワークショップで参加者たちが口にしたあり方だ。

この図の言葉をひらめきの種にして、自分の心を捉える言葉を見つけだし、自分自身のあり方をつくろう。ポイントは、「正しい」あり方などないという点だ。色々なあり方を試してみよう。自分が突き動かされるような、自身の状況や達成したいことに見合うあり方を見つけよう。自分が望む未来と真に一致するあり方を築こう。

第三章で紹介したアリスは、ゲイの人びとに対して独善的で批判的な母親に対して独善的で批判的になっていた。このあり方を止めてみると、彼女は自分が望んでいるのは思いやりと愛に満ちた世界だと気づいた。その望む世界を築くべく、彼女はまず母親に対して、思いやりと愛情に満ちたあり方をすることにした。

図3　ワークショップの参加者たちが築いた新しいあり方[5]

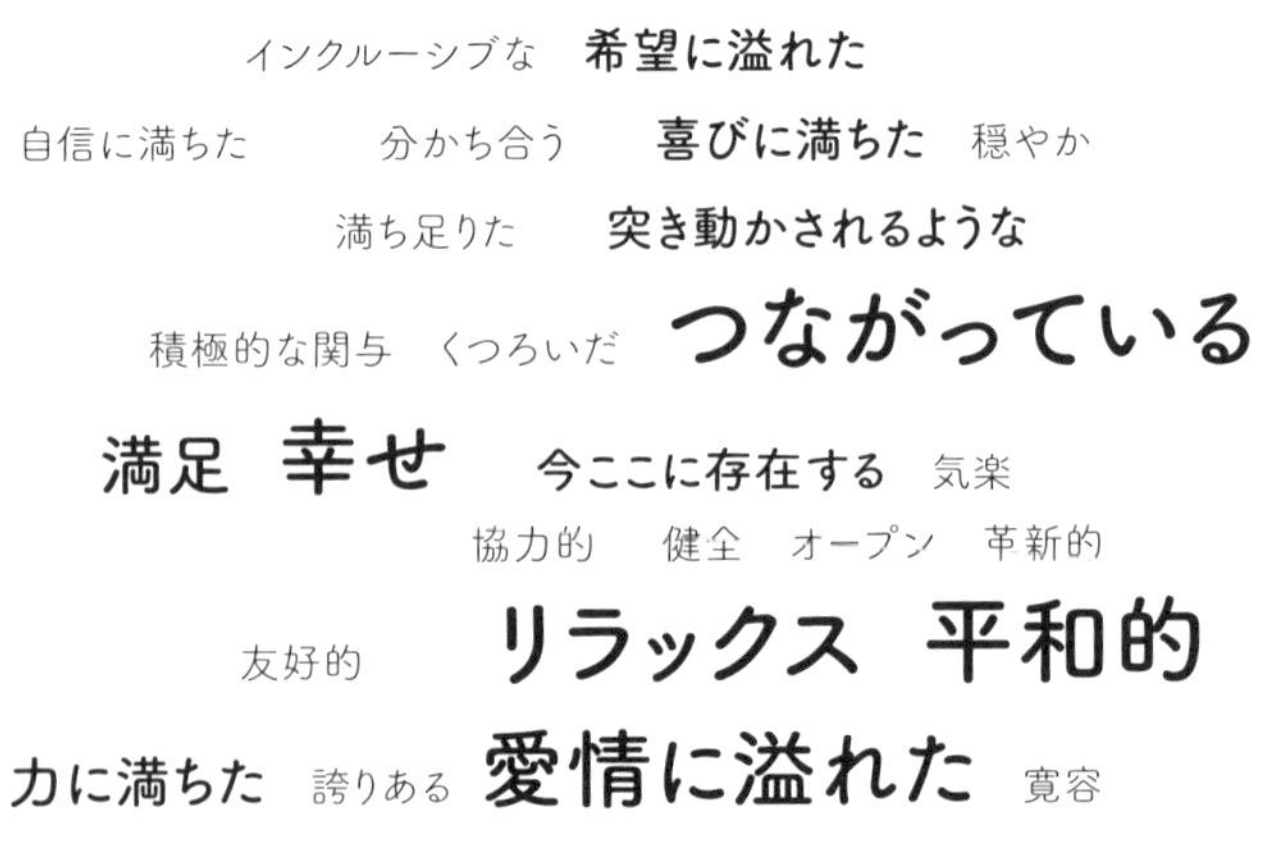

なりたい自分や築きたい未来に見合い、心が弾むような新しいあり方が分かったら、第三章や四章で振り返ってきた会話を思い出してみよう。しばらく相手の立場になって考えてみよう。その人の世界を体験してみよう。新しいあり方になった自分は、違って見えているか問いかけよう。そういうあり方の自分は、人を引きつけ感化するだろうか？　この種の感情移入的な問いがとても重要だ。シャーマーの言うところの「開かれた心」に近い。[6]

ガブリエルは世界に貢献する方法を妻のサラと一緒に探っていく関係性を築くことこそ、自分が一番求めているものだと悟った。第五種プラスチック容器のリサイクルにこだわることは、彼が一番大切にしていた二人の関係を崩しつつあったのだ。

サラに「昔はリサイクルが好きだった。でも、あなたと暮らすようになって、リサイクルをしたくなくなった」と言われて、私は言葉を失った。

その日、どうしてこうなってしまったのか思い返してみた。自分が本当に求めていたのは何か、そして彼女に対してどんなあり方でいたかったのかを明確にした。私は次のように言った。「第五種の容器のリサイクルについて、僕は上から目線で、知ったかぶりの嫌な奴だった。正しいものを正しいゴミ箱に入れたいと言いながら、実際は自分が正しくて君が間違ってると言わんばかりで、君を恥じ入らせて正しくリサイクルさせようとしていたんだと思う。君をおとしめ、二人の関係を悪化させていたと気づいたし、申し訳なく感じている。これからはちゃんと愛情を持った僕でいるから安心してほしい。僕が本当に求めているのは、世界に貢献する方法を一緒に考えていくような、深いパートナーシップなんだ」

彼女は驚き、心を動かされ、そしてとまどっていた。私の言葉に心を打たれ、私のことを信じようとしているのは分かったが、まだ懐疑的だった。それは仕方がない。私は行動に移した。キッチンに容器を溜めて選り分けるというやり方を止めたため、それから数週間は、ゴミ箱から第五種の容器を取り出してエコバッグに詰めるはめになった。彼女が相変わらずゴミ箱に入れてしまうのは、私を試しているからではないかと思ったが、ゴミ箱に第五種の容器が入っているその一回一回が、愛のあるあり方を発揮する機会だった。私は愛のあるあり方でいようとし続け、すると最終的に第五種の容器がゴミ箱に入っていることはなくなった。だがそのことが真の勝利なのではない。真の勝利は、妻のために変化した自分のあり方であり、いま娘たちを前にしてとっているあり方だ。

先へ進む前に、自分にとって大切な会話、何らかの方法で大なり小なり世界を向上させることを目指した会話のなかで新しいあり方を築く機会について、じっくり考えてみてほしい。

新しいあり方を体現する

自身の新しいあり方を一単語や短いフレーズで書き出したら、実際にそのあり方を身につけよう。ただ単に「いまよりも思いやりを持つ」とか「もっと勇気を持とうと思う」と言って終わるだけではいけない。思いやりや勇気を自身の体から湧き立たせよう。それを心で、頭で感じよう。思いやりや勇気を、ものの見方、聞き方、語り方にも染み渡らせよう。

「そんなことを言われても、どうすればいいか分からない」という人がいるかもしれない。それは素晴らしいことだ。そうやって問うことは、自分にとって新しいあり方を心から築こうとしている証なのだから。

クリスチャンのなかには「WWJD」つまり「What would Jesus do?（イエスならどうするだろう?）」と彫られたブレスレットをする者もいる。自分の人生、あるいは自分の大好きな物語に登場し、自分がなりたいと願うあり方をすでに体現している人物を思い描くのは役に立つテクニックだ。その人物が、あなたの状況にあなたの望む新しいあり方でいるところを想像してみよう。その人物はその状況をどう見るだろうか? どう耳を傾けるだろうか? 己に何と語りかけ、相手に何と語るだろうか? その新しいあり方を想像して、あなたは何を思い、語り、行動に移すだろう？

第三章と四章で探究した会話を振り返ろう。もし自分がこの新しいあり方になったら、そうした会話や状況で、自分はどんな風に語るだろう？

新しいあり方になって起こり得ることのひとつに、観点の変化がある。自分の問題意識はどのように変わるだろう？ その新しいあり方になって、本当に世界へ提起したいことは何だろうか。ガブリエルの目標は「正しいものを正しいゴミ箱へ入れる」から「世界へ貢献する最善の方法を共に探究する深いパートナーシップ」に変わった。あり方を磨いては目指す未来を口にするという往復を繰り返すことで、あり方も目指す未来も見事に変容していく。この二つは相互に影響を与え合うものなのだ。新しいあり方になれば、新しい未来の可能性を目にすることができる。新しい未来の可能性を目にすることは、その未来により適したあり方を思い描くことにつながる。

もういちど自分が願う世界の未来と、その未来での自分のあり方を思い描いてみよう。

新しいあり方になってもうひとつ起こり得るのは、自分が抱えている問題が消えてなくなることだ。第四章で紹介したジェイソンのＭＩＴの例では、「力になる」という新しいあり方によって、「事務局が十分な行動を取っていない」といった問題意識が、「どうすれば仲間の学生たちの力になれるだろう？」という問いに変わった。

そしてもうお気づきかもしれないが、新しいあり方になることは、問題に向き合う姿勢そのものも変化させる。問題解決志向でいるとき、人は直面している目の前の障壁に集中しがちになり、過去や現在に対する限定された選択肢に固執してしまうことが多い。新しいあり方になれば、問題を一歩引いて眺め、築きたい未来に意識を集中し、そこから逆算して行動することができる。そうすると、望む未来へ貢献できる可能性がぐっと広がるはずだ。

エクササイズ18

問題を新たな枠組みで捉える

これまでのエクササイズで築きあげ、言葉にしてきた新しいあり方について深く考えてみましょう。その新しいあり方で、これまで行き詰まっていた会話にのぞむ自分を思い描いてみてください。

その新しい観点、その新たな見晴らしのいい場所から、本当はどんな会話になってほしかったかを書き出しましょう。つまり、まさに願った未来にいるかのような関係や結果を書き出すということです。

そうしたら今度は、現在の状況について書いてみてください。現在の状況と願う未来のギャップはどこにあるでしょう？「現在の状況」とは、自身の振る舞い、思考、感情などでもいいですし、自分から見た相手の振る舞い、思考、感情などでもかまいません。

どんな新しい行動を取れるでしょう？
どんな新しい会話ができるでしょう？

往々にして、探究がここまで進むと、厄介な問題に気づき始める人がいる。自分の求めているもの、そして新しいあり方を言葉にしてきた。自分の昔のあり方がどんなもので、どれほどエサに飛びついてきたかを認識してきた。自分のなかに変化を感じてもいる。しかし相手はその変化に耳を傾ける準備ができていないのではないかと不安になるのだ。こちらの昔のあり方を想定して対応し続けるのではないだろうか。そこで本書の旅は次のステップへと続いていく。

第五章　まとめ

- エサを手放すのは勇気のいることだ。カギは、自分の本当の望みを明確にし、勇気を持って他人に伝えることである。
- 人の活動の根幹には、その人を突き動かす原動力があるものだ。たとえば人への愛や、生命への愛や、あり得る未来についてのアイデアなど。そういったものは語るには無防備すぎるものだと感じるがゆえに、人はそれを語る代わりに世界の問題を客観的に指摘してしまいがちだ。
- 自身の動機を把握することは、ある問題や活動が自分にとってなぜ重要なのかを知るのに役立つ。動機には自己決定に基づく内発的なものと、外的な理由や心理的プレッシャーによる外発的なものがある。

- 会話を行き詰まりから抜け出させるために、まずは自分自身についてや自分にとって何が一番大切かを見つめ直さねばならない。その作業を進めていけば、まったく新しい会話の下地を作り出すことができる。
- 自分の内発的動機を知るひとつの方法は、自分が築きたい未来を思い描き、そこにいる自分を想像することだ。それは自分にとって何が大切かを知り、新しいあり方を体験する助けになる。
- 新しいあり方を築き上げて体現すると、直面している問題や行き詰まっていた会話に対する観点を変えることができる。
- **やること**：ある問題や活動が自分にとって重要な理由について、自分の奥深くにある、心からの動機を特定しよう。本章に記された振り返りと想像のエクササイズを活用して、築きたい未来や、その未来に見合う新しいあり方を見いだそう。

6
会話に命を取り戻す
話し始める

ここまでエクササイズに取り組んできたなら、次のことを達成しているはずだ。

- より良い世界を目指す会話のうち、望み通りに進まなかった会話を少なくともひとつ特定した。もしくは、しようと思いながら先延ばしにしたり避けてきた会話を特定した。どちらにせよ、自分にとって大切な生きた会話で行き詰まっているものを特定した。
- その状況における自身のあり方と、そのあり方がいかに心のなかの会話と結びついたものであるかを振り返った。心のなかの会話には、自分や相手に対する見解、自分が考えたり感じたりしながらも口にするとは限らない物事などが含まれる。
- エサと、行き詰まりの代償を認識した。
- 自分を見つめ直しているうちに、自分のことが恥ずかしくなったり、顔を赤らめたり、笑ってしまうことがあったはずだ。そうやって、どれだけ自分のあり方や話し方が、現在の自分の複雑さや、築きたい未来から外れたものであるかを垣間見た。
- 自分が本当に求めているものが明確になり、その目標に照らして、よりオーセンティックで、効果的な新しいあり方を築いてきた。

ここまですべてのエクササイズを行ってきたなら、真の意味での成長を遂げ、自分の側の会話は変化し始めたことだろう。次なる問題は、変革に向けてどのような行動に移すかだ。

最初に認識すべきは、自分を見つめる旅から、新しい実際の会話へと移行していく際には、強い疑念や不安が湧き上がってくる可能性があるということだ。自分の落とし穴がどのようなものかを説明したうえで、こう語る人がよくいる。「いまのままじゃ良くないのも分かっているし、実現したい新しいあり方も分かっているけど……」。この「けど」のあとに続くのが、過去に焦点を置いた状況の説明だ。会話相手の思考や、感情や、あり方についての言及であることも多い。

「あの人と上手くやっていけるとは思えない」
「もう遅すぎるんだ。関係はギクシャクしているし機会を逸してしまった」
「たがいに自分が正しいと思っているんだ。自分はそのあり方を止めることができると思うけど、彼が止めるとは思えない」

では公平かつバランスの取れた状況の検討を行うために、相手の落とし穴を特定するのが次のステップだろうか? 残念ながら、ノーだ。ここまで自分を振り返ったのだから、あとは鏡を相手の目の前にかざして、相手が自ら振り返り、自分の会話に責任を持ってもらえればいいと思うかもしれない。

実のところ、ここにとても大きな罠がある。人は誰かにむりやり内省させることなどできない。あなたがここまでたどり着いた唯一の理由は、あなた自身がこの本を手に取ろうと決め、エクササイズを行うことを選択し、自分を振り返って学ぼうと考えたからだ。著者はただツールを与え、あなたと共に歩んでいると声をかけているだけだ。もし他の誰かのあり方や、相手が飛びつきそうなエサや、行き詰まりの結果などを批判しようものなら、ほぼ確実に次の二つの結果に陥るだろう。一つめは、相手の頭のなかで何が起こっているかなど完全には知り得ないため、不完全にしか把握することができずに終わること。そして二つめは、相手が警戒し頑なになってしまうであろうことだ。

本書で行っている自分を見つめ直す旅は、丸裸になり、普段さらけ出さないものをさらし、これまでに染みついた振る舞いを止め、未知なる未来の可能性を探究するものだ。だからその過程では自分を守りたくなるし、新たな落とし穴が出現することもあるだろう。たとえば、相手の落とし穴を特定することは、自分が正しく、善いことをしていると感じ、揺るぎない気持ちになる最高の方法だ！　しかも変革を起こすことから離れて安全圏にいられる。

ではどうすればいいか？

ここでまた別の思考実験をしてみよう。自身の落とし穴と、それが引き起こす結果を想像上の会話で相手に語ってみるのだ。

エクササイズ19

新しい会話を築く

これまで行き詰まっていた相手との新しい会話を想像してみましょう。これまで行ってきた落とし穴の診断結果を用いながら以下の空欄を埋め、その文章を相手に語るところを想像しましょう。自分にとって自然に響くよう言い回しを変えてもいいですが、それぞれの要素は省略しないようにしてください。

あなたと［　　　　　　］（これまでの会話、あるいは避けてきた会話）について話したいと思っています。私はこれまで［　　　　　　］（過去のあり方）だったと気づきました。それは自分の価値観や目指すべき自分に見合うものではありません。

私の願いは［　　　　　　］（より良い未来に向けた目標）だと言い続けながらも、実際には［　　　　　　］（エサに飛びついた状態）になっていました。

このアプローチでは望まない結果になると気づいたんです。たとえば

［　　］（行き詰まりの結果）となったり。

これまでそんなアプローチを取っていて申し訳ありません。新しいあり方を築きたいと思っています。

これから私は［　　］（新しいあり方）になりますので安心してください。それは私が心から願う未来に見合うあり方です。昔のようなあり方に戻っていると感じたら、ぜひ指摘してください。

状況によっては、この会話は崖から飛び降りるような気分になるものかもしれない。自身の心のうちをここまで明かすのはためらわれるかもしれない。それは素晴らしい！　エサを手放し、安全圏から一歩踏み出そうとすると、とても無防備に感じるものなのだ。

これは思考実験だと思い出してほしい――必ずしもこの文章を面と向かって相手に語らねばならないというわけではない。そう語るところを思い浮かべるだけ、あるいはパートナーとロールプレイするだけですら、落とし穴から抜け出す助けになる。胸のうちを明かす不安はある一方

で、また別の感情が心に湧き起こることもある。開放感、自由、可能性といった感情が。

とはいえ、第五章のガブリエルはサラとの会話を変えていくときにエクササイズ19に沿った形で語っていたことに気づく人がいるかもしれない。それはリサイクルをめぐる二人の関係において決定的に重要な瞬間だった。こうした言葉が効果を持つのはどんなときだろう？

謝ることの力

エクササイズ19に記された文面は、基本的に謝罪の文面だ。上手くやれば、謝罪は関係を変革し強化させることができる。将来的に善意ある協力を引き出すことができる。謝罪が現状の行動パターンをやめるきっかけとなり、より望ましい未来を共創できるようになる。

謝罪が効果を持つためには、それが心から為されたものである必要がある。ジョン・ケイドーの著作『生き残るためのあやまり方』（主婦の友社）は、スタンフォード大学の社会心理学者カリーナ・シューマンの研究とともに、謝罪に関して貴重な情報を提供してくれている。[1] 表4はケイドーやシューマンの研究に基づいたものだ。

自分がどうありたいのかを（第五章でやったように）思い描くことで、次ページの表にある五つの要素それぞれにおいて効果的な謝罪を行えるようになるだろう。

「申し訳ない」という言葉に反応する人もいるかもしれない。ワークショップの参加者のひとりは次のように語った。

「申し訳ない」という発言をすることで、自分の力を失ってしまう場合があると思う――自分のメッセージの力を弱め、立場を低くしてしまう……。私だったら「自分の行動／言葉がXを引き起こしていたであろうことは理解／自覚しています」といった言い回しをしたくなる気がする。

だからこそ本書で謝罪の言葉について採り上げるのが重要だと思ったのである。一見「申し訳ない」という言葉は自分の力を弱め、「立場を低く」してしまうように思えるかもしれないが、ワーク

表4　心からの効果的な謝罪の要素

心からの謝罪（効果的）	心半分の謝罪（非効果的）	非謝罪（有害）
悪い点を特定し、その害を認識し、事実を認める。	悪い点には遠回しに触れ、その影響を低く見積もり、事実を疑う。	自分の振る舞いを正当化したり弁護する。その行動の影響や事実に異議を唱える。
間違った行為を全面的に認め、状況のせいにすることなく責任を認める。	言い訳をする、相手（あるいは第三者）と責任を分割したり、責めたりする。	責任を回避する。
しっかりと反省を述べる（「申し訳ない」という言葉を使うなど）。	形だけの反省（「あなたが……と思われたのなら申し訳ない」など）。	反省をしない。
問題を修復するにはどうするべきか考え、提案する。	条件付きの提案をする、あるいは行動を伴わない言葉を投げかける。	謝罪を求めてくる相手に疑問を呈する。
未来への新たな約束をする。間違った行動を繰り返さないという誓いも含めて。	相手や外部の状況に依存した約束をする。間違った行動が繰り返される可能性を示唆する。	間違った行動を繰り返す。

ショップの参加者が語った代案の方は、自分ではなく相手にこそ変化してもらおうとしてしまっている。「あなたが私の行動をXだと思うのは理解できます」と言う人もいるかもしれないが、その言葉が裏で意味しているのは、「でもあなたは間違ってる、こういう風に正しく私を理解するべきなんだ！」である。このアプローチは自分の立場を貫いているようでいながら、実は自分の力を弱めている。真の会話へ向けた歩みを、相手の考え方の変化に委ねているからだ。心から語る「申し訳ない」には違った効果がある。その謝罪は自分を解放し新しいアプローチへといざなう。自分が責任を負えない外的要素は切り離して、上手くいっていない部分そのものに目を向ける。それが自分に力を与えるのだ。

先ほどワークショップの参加者が提案したような、一面的で、身を切らない、同情を誘うような謝罪は効果がないことが研究からも分かっている。[2] それどころか、逆効果になる可能性もある。自分の責任を認める全面的な謝罪の方が効果的に作用しやすいのだ。「申し訳ない」という言葉を使わないことで、法的な負担が軽くなることなどないが、心理的な負担はかなり軽くなる。[3] だからこそ、全面的な謝罪をすることや、「申し訳ない」と言うことは、心理的なエサを振り払うことを意味するのだ。

無防備さを感じながらも語ることとは、相手に対してまた別種の力を発揮する。相手の思考や行動に対して優位に立とうとし合う姿勢を回避できるのだ。効果的な謝罪には次のような特徴がある。

● 自律性を発揮し、自身の本当に大切な価値観を追求し、短期的な心理的エサに飛びつかない。
● それを目にする全員に未来への可能性を感じさせる。
● 相手の認識の正しさを認めることで、相手が安心して自らの価値観やコミットメントについて深く語ることができるようになる。
● たがいに気兼ねなく協力できるようになり、それまで行き詰まっているように見えた状況を乗り越える新しい解決策や道が築かれる。

表5は、ワークショップの参加者たちが落とし穴を作り出してしまったことを認めた例である。

「胸の内を明かす」というアプローチは、会話と書き言葉の組み合わせでも力を発揮することが分かった。ローラ・イェイツはバイロン・フェローシップ[4]のプログラムの一環としてワークショップに参加していた。彼女は、まえがきで少し触れた卒業旅行について、次のように回想した。

大学卒業まであと一週間を切り、この四年間の思い出話に花を咲かせているなかで、

表5　落とし穴を作り出してしまったことを認めた例

避けていた会話に関するもの
おじのヴィンセントへ あなたの製油ビジネスに関して、私は口を出さないことによって自分を安全圏に置くというあり方をしてきました。このサステナブルでない業界に参加するのはやめてほしいと言いながらも、心の底では自分が正しい立場にいて、あなたを批判することを望んでいました。私のアプローチの結果として溝が生まれ、あなたをおとしめ、私たちの関係を悪化させてきました。
わが組織の役員たちへ リサイクルサービスの撤回に関して、私のあり方は臆病なものでした。より効果の大きい経費削減の方法を探したいと言いながら、実際には衝突を避けようともしていました。その結果、会社の核となる価値観と私の未来へのビジョンを上手く統合して組織に貢献する機会を逃し続けてきました。

上手くいかなかった会話に関するもの
従業員のナタリーとの発泡ポリスチレン製カップについての会話で、私のあり方は独善的で偉そうなものでした。ウィン・ウィンの解決策を求めていると言いながら、実際は間違いのないエキスパートのように見られたいと思っていました。その結果どこからも信頼を失いました。過去のあり方を申し訳なく思っています。
食品会社の重役たちと交わした、サプライチェーンの人権侵害を防ぐ会話。そのなかで、私のあり方は相手を見下すようで、偏ったものでした。人身売買や強制労働を防ぎたいと言いながら、実際は相手の意見を変えさせることで優越感を抱こうとしていました。その結果、たがいの心を通わせる邪魔をしてしまい、どちら側にもいら立ちを生んでしまいました。これからは新しいアプローチをとりたいと思っています。

ひょんなことから気候変動の話題になったんです。親友のひとりは、科学者たちが人びとを脅かして行動を変えさせようとしているだけだと言いました。私はすぐに反論し、科学を信用していないことを非難しました。私は彼の言うことにまったく聞く耳を持ちませんでした。「バカじゃないの。あなたとはこのことについて話したくない」と言って唐突に会話を打ち切ったのです。

みんな固まって完全に静かになりました。残りの旅は本当に気まずかった。当時の私は友人たちに耳を貸すことができなくなっていて、気候変動についての貴重な会話を持つ機会をすっかり失っていたんです。

落とし穴についてのコーチングを受けて、自身のあり方のせいで自分が何を失っていたのかを理解しました。それと同時に、自分にもあの会話をめぐる相手と私の記憶を変えていける力があると知ったのです。私は別のあり方になって、あの会話に向き合うことにしました。そこで、彼に次のような手紙を書いたのです。

ニック、あの旅行中の私のあり方について、あなたと話し、謝りたいと思いました。私は人間が気候変動を引き起こしているなんて信じないと言ったあなたを非難して、会話を突然打ち切りました。そういう反応は、心を開き真の友人でいるようなあり方ではなかった――攻撃的で、見下すような態度だったし、それは自分がなりたいような友人や人間ではありません。

ここで認めたいのは――前にこの会話をしたときは認めることができなかったのだけど――気候変動に関する科学にも不確かなところはあるということ。それはどんな分野の科学にも言える。その不確かさに私は怯えてしまうのです。なぜならこれまでの人生で自分が行ってきた決断を揺るがす可能性があるから。自分に正直になって不確かさを認める代わりに、意図的にあなたが言ったことの価値をおとしめて、自分が正しくてあなたが間違っていると主張していました。

そんな私の反応は私たちの関係を傷つけ、周りのみんなに気まずい思いをさせ、リラックスして楽しむはずだった一緒に過ごせる最後の数日を台無しにしてしまいました。

友情や愛情を持った発言をするならば、こんなふうに語るべきでした。「気候変動にまつわる科学には不確かなところもある。不確かさは科学につきものだしね。人間が生み出す気候変動が言われているよりも悪くないことを願ってる。だけど私は、人間として、環境への影響や、人間が自然環境に影響を与えていた場合の対応策を考えることがすごく重要だと思ってる。だからこの分野を仕事にして研究することに決めたの」
あなたにであれ、友だちの誰かにであれ、今度また私があんな風に取り乱したら、気兼ねなく指摘して説明を求めてください。あのときから一か月近くも経って持ち出すのは変なことだとは思うけど、卒業間際にあんな会話をしてしまって、その思い出がずっと続くのが嫌だった。私たちの友情を本当に大切に思っているし、あなたとの友情がどれほど大切か示せないような振る舞いをしてしまったことを心から謝りたい。

愛を込めて
ローラ

この手紙を読んだとき、これを書いた人物が心をさらけ出すさまに胸を打たれた——気候変動に対する科学の不確かさを認めて謝るのは決して簡単なことではない。それと同時に、オーセンティシティも感じ取れる——ニックと心を通わせ関わりを持ちたいという偽りのない願いだ。ローラが自身の価値観を語り直しているのも見て取ることができる。環境問題を牽引する分野で学び仕事をしようと決めた理由を語っている。私たちは、彼女が打ち明けてから、どのような結果になったか大いに関心を持った。

この手紙を書き終えると、ニックに電話して手紙を読み上げることにしました。過去の会話をより前向きな視点で語り直した方が、友情を深められるのではないかと思ったのです。この手紙で無防備に自分をさらけ出したことで、彼もリラックスし、進んで会話をしてくれました。私が手紙を読み上げるのを聞いたあと、ニックはすぐに、彼も同じく前の会話の際の自分のあり方に罪悪感を抱いていたと言いました。私が情熱を傾けているからこそ、気候変動についてもっと学びたいとも言ってくれました。私たちは二人ともすごく情熱的な人間だから、言い合いになったのも不思議じゃなかったと冗談を言いました。彼の言葉を聞いて、どんな会話もこれまでと同じくらいの情熱と、これまで以上に思いやりのあるあり方で行えば、より強力で効果的になるのだと知りました。

手紙を書くという難しく気恥ずかしいプロセスを通して、私はなぜ気候変動に関する科学の（不）確かさが、自分にとって感情的に強い反応を引き起こす問題なのかが分かりました。驚いたし怖くなるくらいだったのは、あの会話の顛末はニックのせいではなく、自分の頑さが原因だったのだと気づくのに、内面の障壁をどれだけはがしていかねばならなかったかということです。

この会話があって以来、おじや、祖父母や、同僚、教授などとの会話のなかで、思いやりと理解を自分のあり方にして接しようと十分に注意を払ってきました。それまでなら避けていたであろう会話も、それ以降はすごく生産的になりました！

自分が築きたい未来に見合うあり方を口に出すのは大切だ。そしてそれだけではなく、新しいあり方を実践するための余地を作るべく行動することも大切だ。その余地を生む第一歩は、過去の会話の過ちを認めることだ。

エクササイズ20

手紙を書く

会話が行き詰まっている相手に手紙を書きましょう。その手紙のなかで、落とし穴と、それが引き起こした結果を認めるのです。エクササイズ19の「想像上の会話」やローラの手紙を参考にしましょう。ただし自分の言葉を使うこと。

文面を考えるなかで、落とし穴やそれが招いた結果を書き出したあとに、どう言葉をつづけるか悩むかもしれません。「新しいあり方は思いやりを持ち、オープンでいることなんだから、大事なのは私が何を言うかではなさそうだ。問題は自分がどう聞く耳を持ち、問いを投げかけるかなんだから」といった具合に。

安心してください、良い質問を投げかける方法については次の章で検討します。いまは、自分が相手に何を聞きたいか想像することから始めましょう——たとえば、「この会話はあなたにとってどのようなもの？」。

さあ、その手紙を相手と対話するために使うところを想像しよう。手紙を送っても、面と向かって読み上げてもいい。あるいは、新しい会話を築く前に自分の思考を整理するのに活用してもいい。

様々な反応に出合う

落とし穴を認識し、過去の過ちを告白するのを想像してみよう。その想像のなかでは何が起きているだろうか？　頭にはどんな思考が流れるだろうか？　体はどんな反応をするだろうか？　会話の相手はどんな風に感じると思うだろうか？　相手が何を考え、何を語ると思うだろうか？

この手紙をとおして、本当に相手が心を動かされ感化される可能性がある。相手も自らのあり方について忌憚なく語ってくれるかもしれない。一緒になって語り合い、存在するとは思ってもみなかった共通点を見いだせるかもしれない。乗り越えることが不可能だと思われていた問題に対する創造的な解決策を手にできるかもしれない。あるいは、第五章で見たガブリエルの場合のように、より大きな目的を見つけて、これまで取り組んでいた問題に見切りをつけることになる可能性もある。

もちろん、こういったことはすぐに起こるものではないかもしれない。第二のシナリオとしては、相手があなたの新しいアプローチに心を引かれながらも、いぶかしむということが考えられる。ワークショップのある参加者は、スピードを出しすぎて危険だと思っていた妻の運転スタイルに対して新しいアプローチをとったという。それまでは口論するか、車に乗るのを避けるかだった。新しいあり方になって、彼は彼女の運転技術を称えると同時に、ハイスピードへの恐怖を伝えるようにもした。彼女の最初の反応は「なんか怪しい」というものだった。彼のあり方がなおもいままでと違うので、彼女はさらに詰問した。「あなた、一体どうしたの？」

こうした反応は自然なものだ。仕事仲間や、友人や、親戚はこちらのあり方を想定している。新しいあり方で接するときは、それが相手に完全に受け入れられると考えるべきではない。結局、彼は落とし穴から抜け出すエクササイズというものをやってきたのだと説明することにした。自分の家族や社会をより良くしたいのだという思いを語った。妻は彼の変化の理由を知り、運転スタイルを改めた――制限速度を超過しないよう心がけ、周りに速度を合わせたのだ。

結果には行動が必要で、行動にはコミットメントが必要

ここまで、古いあり方と、それに付随する罠やエサを手放し、新しいあり方を築いてきた。手紙を書いたり、新しい会話をするといった、新しい行動を思い描けるようになってきているだろう。

それでは実際に自分が行動を取り、会話を変えたり新しい会話を始め、ビジョンを持って新たな成果を生み出し始める可能性はどれくらいあるだろう？　それは状況によるはずだ。あなたの

エクササイズ21

会話のコミットメント

新年の抱負の達成率はどの程度だろう？　ちなみに著者たちは散々だ。ビジョンや決意と実際の行動のあいだに欠けている重要なリンクは、「コミットメント」である。ここでいう「コミットメント」とは、頭に浮かべるだけではなく、実際に会話することであり、誰かと約束を交わすことだ。

行動へとつながる約束《コミットメント》とは、時間的にも空間的にも現実にしっかりと紐付いている。コミットメントとは具体的なものだ。もし新しい会話を持ちたいと思うなら、「具体的にいつどこで会話を持つのか？」という問いへの答えが必要だ。「いつか」「すぐに」「そのうち」では、「いつ」に対する回答にならない。「明日」でさえ問題がある。人はいつも新しいエクササイズを「明日から」始めようとする。「来週から新しいトレーニングを始める」と「来週火曜の朝七時から新しいトレーニングを始める」の違いを考えよう。

具体的にいつどこで、これまで行き詰まっていた会話において、新しいあり方を体現し、新しい会話を持つのでしょう?

いまがその良い機会です。いまでなければ、いつ? カレンダーや手帳に日時を書き込むか、携帯電話にアラームやリマインダーを登録しましょう——自分の使いやすいものなら何でもかまいません。

相手とのアポイントメントが必要なら、いますぐにメールを打つか、電話をしてセッティングしましょう。

誰かに語らねばならない状況を作ってください。自分の手紙や会話の概要を友人や配偶者やエクササイズのパートナーや仕事仲間や友人に語ってみましょう。その相手に、会話をする具体的な日時を伝え、そこでの会話を振り返るためのフォローアップのスケジュールも設定しましょう。

このエクササイズ21は第三章から六章で行ってきたエクササイズを仕上げるものだ。もしまだやっていないのであれば、先へ進む前に取り組んでほしい。

それでもまだエクササイズ21をやらずに読み進めているあなたのために記しておこう。人はあらゆる種類の内面的葛藤に見舞われる可能性がある。ニックに電話をかけてビーチでの諍いについて話し合う前に、ローラはいくつか内面的な障壁を乗り越える必要があった。

「この状況を仲間と語りたくはない。私が嫌な人間に見えるから」

「ニックに手紙のことを伝えたくない。口論があってから一か月は経っているし、不気味に思われるかもしれない。彼は国中を駆けずり回って忙しいだろうし、仕事に就いたばかりだろうから」

「彼に電話して手紙を読み上げたくない。彼がいま何をしているか分からないし、都合の悪い時間だったり、彼を驚かせたくないから」

しかし彼女がこうした障壁を乗り越えたのは、自分の望む未来のために——ニックとの関係のため、自身の成長のため、そして世界のために——そうする価値があると気づいていたからだ。

本書の手法は、ロッキード・マーティン社、ボーズ、ＰｗＣ、そしてアメリカ海軍まで、実に様々な文脈で活用されている。ロッキード・マーティン社の研究開発部役員ブレント・シーガルは次のように報告してくれた。

私は副社長との会話で行き詰まっていた。主要プロジェクトの方針変更について繰り返し提案していたが、一向に受け入れられなかったのだ。ワークショップに参加して、自分が会話のなかで傲慢で横柄だったことに気づき、これからは穏やかで、耳を傾け、心温かくあろうと決めた。文字通り翌日から、彼とのミーティングは予定されていた一五分から四五分間にも伸び、ついに行き詰まりが解消された。

こうしたエピソードが本書の生まれる源となった。会話が障壁とならなくなったとき、どんなことでも可能になるようだ。

第六章　まとめ

● まず自身のあり方やエサを認識して、会話を行き詰まらせた原因について謝り、会話に命を取り戻そう。

● ときに謝罪することに抵抗があるのは、謝ると自身の力が弱まると考えているからだ。だが実は、謝罪をすることで信頼が得られ、関係が強化され、むしろ力が生まれる。

● こちらが謝っても相手は振る舞いや考え方をすぐには変えないかもしれないが、突破口はできる。謝罪は過去に行き詰まっていた会話を、一緒に未来を築くものに変える。

● 自分が陥っている落とし穴を認めることは、特に自分をさらけ出すような気分になるため、行動に移すにはパートナーへの強い約束や義務感が必要だ。だがそうするだけの価値がある成果が得られるだろう。

● **やること**：自分が陥っていた落とし穴を詳細に語り謝罪する会話をロールプレイしよう。それから宣言して、行動に移そう。相手に働きかけ、会話に命を取り戻すのだ。

7
違いこそが変革を生む
緊張関係を受け入れる

ここまでは、行き詰まりから抜け出す取り組みをしてきた。エクササイズを実行していれば、行き詰まっていた会話に命を取り戻していることだろう。昔の自身のあり方や飛びついていたエサを特定し、おそらくはハッキリと表立って認めただろう。自分にとって意味のある大切なものを伝え、相手との関係や広く世界について望む未来を語ったはずだ。それがあなたや相手にとっての助けとなり、会話が昔のパターンから抜け出して、共に前進し始めているのではないだろうか。

人生や仕事のなかで、行き詰まりや、落とし穴や、障害が存在していない状況というのもあるだろう。まだ行き詰まっていないのだから、ずっとそのままでいたいと思っているはずだ。しかしそれでもまだ渡るべき橋はあり、自分の世界観と、（自分が思う）相手の世界観には多少の緊張関係がある。たとえ自分が個人的に関わっていなかったとしても、属しているグループや、組織や、政党は、相手と敵対の歴史を持っているかもしれない。相手はこちらがどのようなあり方をするかについて想定や偏見を持っているかもしれないし、こちらにも相手のあり方に対する想定があるかもしれない。そうした状況のなかでは、落とし穴に陥ることなく、はじめからオーセンティックで、効果的で、人を引きつける、創造的な会話をしたいと思うことだろう。

この章の目標は、創造的でポジティブな結果を、どんな種類の人とでも生み出す方法を伝えることだ。それにはカギとなる前提がある。人は「自分たち」と「相手」のあいだにある緊張関係を創造的な解決を阻む障壁だと考えてしまうが、実を言えば、その緊張関係を受け入れることでイノベーションや発展の可能性が生まれるということだ。

意見の対立を位置エネルギーだと考えてみるといい。そのエネルギーが極限まで高まっているとき、人は触れて痛い目に遭いたくはないので距離を置く。しかしそのエネルギーは程よく溜まっている場合、とても役立つものになり得る。活動や創造の原動力となり得るのだ。そのエネルギーを活用するべく、対立した世界における新しい（あるいは心機一転した）会話に向けた四つのステップを提示したい。

1　価値観を明確にする。事実に基づく議論を超えて、たがいが最も大切にしているものは何だろうかと、会話における感情的真実の理解に努める。

2　対立を認める。自分や、自分のグループや、運動に参加しているメンバーたち自身が、価値観のトレードオフ（二者択一）、衝突、対立の原因になっていたことを認める。自分自身の内にある緊張関係や二面性に向き合う。

3　視野を拡張する。二つの価値観の二者択一という考えを打ち破る意志を表明する。

4　新しい領域でダンスする。既存の境界を越えて、ブレインストーミングや探究をしたり、相手と共に新しいアイデアのプロトタイピングや創造をする。

これらのステップについて、説明していこう。

価値観を明確にする

「自分は正しい」「善いことをしている」「揺るぎない」「安全でいる」というエサに飛びついて行き詰まるとき、会話は「事実」や「内容」に焦点を当てたものであることが多い。たとえば、著者二人にはそれぞれ「人間が気候変動を引き起こしているなんて本当だとは信じないし、政府がより大規模な経済介入をする口実だと思う」と語る保守的な親戚がいる。こちらは思慮に欠けた反応を示してしまい、この発言内容の事実的な側面について異論を唱え、相手の発言が科学的に間違っている理由を語り、気温は上がっていて、気候はどんどんおかしくなっていて、人間が排出する温室効果ガスがその両方の原因なのだと説き伏せようとする。理屈っぽく、論争的で、いら立った自分であることに気づく。発言の間違いを指摘しようという魂胆で、「その発言のソースは？」といった質問をしてしまう。

しばしば、こうした会話のトーンが好戦的であったり防衛的になってしまうのは、その質問が、言葉の奥では「何も分かっていないくせに、知ったような話をしやがって」と言っているように聞こえるからだ。運良く、その会話が無事に終わったとしても、結局は向こうから「相手の側の」見解を支持するようなリンクや本の情報がメールで山のように送られてくることになるだろう。

親戚の発言の別の側面に注意を向けてみよう。つまり、「政府がより大規模な経済介入をする口実だと思う」という点だ。この発言に含まれているのは事実を超えた何かだ。ここには相手の「価値観」が表れている。そこに目を向けてはどうだろうか？

相手にも望む未来がある。機会と自由を大切にし、人が政府の支配から自由に生きる未来を求めている。科学者や環境保護論者たちから、そういう未来を諦めて気候変動の問題に取り組めと言われても、簡単には飲み込めないだろう。[1] だがこちら側が相手の価値観を受け止めることはできる。自分たちもまた、機会と自由のある未来を欲しているし——しかも気候変動を軽減したいと思っている。相手の望む未来も、こちらの望む未来も、どちらも実現できればよいと思ったとき、そこに創造性が介入する余地が生まれるのだ。

人の価値観は関心圏を軸にして形成される

秘められた価値観を明らかにするのに役立つモデルは数多くある。最初に、「関心圏《スフィア・オブ・ケア》」という考え方を紹介したい。社会生活の様々な「部分」と「全体」に対する関心の範囲を明確にするのに役立つものだ。「より良い世界を作るため」の会話とは、つねに「全体」の行く末についてのものだ。たとえば学校システム全体、会社全体、バリューチェーン全体、政府全体、社会全体、生態系全体、地球全体などがある。しかし、こうした全体は個別のパーツから成り立っていて、それらを構成しているのはたいてい、人間、集団、個別のインフラや、特定の人びとが大切にしている生態系などだ。あるシステムの未来を大切に思うのは、通常自分がそのシステムの一部であったり、大切に思う人がそのシステムの一部だからである。図4は、個人としての自分を基点に、「生命全体」まで、部分／全体の入れ子構造の関心圏を表している。

論点や、主張や、運動が生じるのは、個人としての利益と集団としての利益のあいだに、すなわち部分と全体のあいだに矛盾や衝突が生じるからだ。いくつか例をあげよう。

● 周りの子供たちが全員予防接種を受けていれば、自分

図4　関心圏

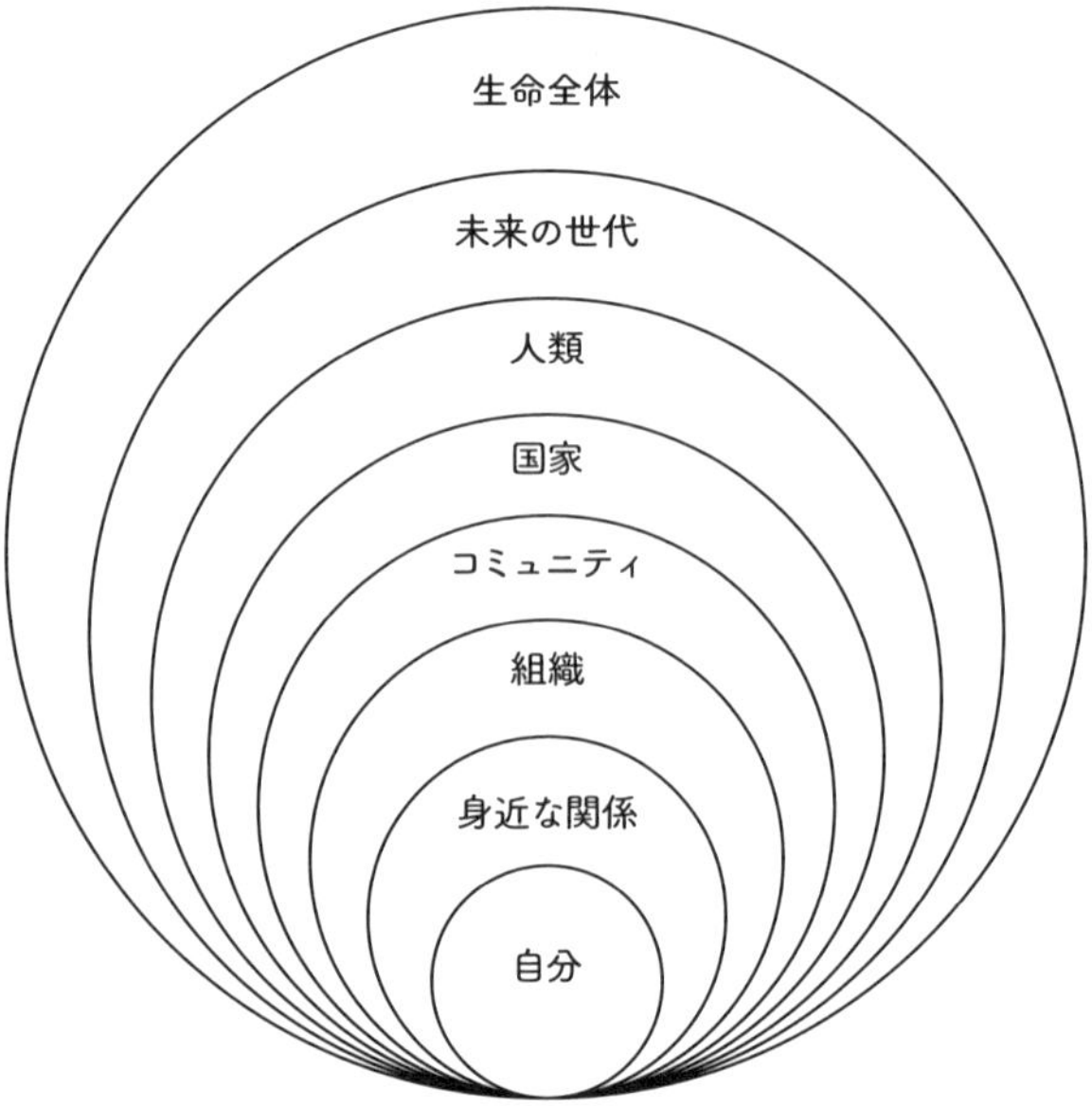

の子供が予防接種を受けなくたって安心で安全だろうが、もしみんながそうやって予防接種を受けなければ、危険な流行病が発生して多くの子供たちが病気になる。

● バスや自転車よりも自分としては車の方が早く職場に着けるが、もし全員が自分のように行動したら、交通渋滞が発生したり、公共交通機関や自転車のインフラに投資が少なくなったりして、結局全員の通勤に長い時間がかかる。

● 学校や会社は個人が好きなところを選ぶことができれば良いと思うが、そうしたら社会の不平等が助長されてしまう。

衝突が起きている際、どの関心圏が自分にとって最も大切か、そして対立している相手にとってはどれが最も大切かを考えよう。あるひとつの全体を尊重することで、その全体を構成する「部分」の自由が脅かされてはいないだろうか？　その両者間の緊張関係を認識したら、その緊張関係が持つ潜在的な創造性を活用する方法を見ていきたい。

エクササイズ22

自分の価値観、相手の価値観

自分の価値観をいくつか書き出してみましょう。

●会話、人間関係、そして広く人生一般のなかで、自分が本当に大切にしているものは？　第五章でのエクササイズを参考にして考えてみてください。

●自分の価値観は関心圏のどのあたりに位置している？　誰に賛成している？　どの部分や全体を守り、育てることに一番情熱を燃やしている？　特定のコミュニティ、場所、あるいは集団を挙げてみましょう。

●大きなシステム（組織、コミュニティ、社会）に最も体現してほしいのはどんなこと？

●自分にとって最も神聖なものは何？

今度は、説得したい相手の立場になって考えてみてください。

- 相手が最も大切にしていると思う価値観とは？　それらの価値観をポジティブな観点から言葉にしてみてください——相手は何に賛成しているでしょうか？（反対しているかではなく）
- 相手の関心圏は何？
- 相手はどこでどんな風に自身の価値観を表現している？

相手の価値観にポジティブな形で耳を傾け始めると、そうした価値観に賛同したり共感している自分がいることに驚くかもしれない。

ワークショップの参加者のひとりは、サステナビリティに関する取り組みについて、自社のCFOからの反対に見舞われていた。そのCFOの価値観を考えることによって、彼にひらめきが訪れた。

CFOだって毎日サステナビリティについて考えている。彼が最も価値を置き大切にしているのは、会社の持続可能性《サステナビリティ》なんだ。会社が将来にわたって経済的にやっていけなければ、地球のサステナビリティだろうが何だろうが、わが社のどんな目標も実現することができない。

この気づきから何が生まれただろう？　自社の環境への取り組みの費用と便益、つまり投資対効果を知ろうという新たな思いだ。そこから、彼は新しいアプローチをとることができるようになった。

対立を認める

会話のなかで価値観の相違を認識したら、次なるステップは、それらの価値観がどのように対立する可能性があり、自分もその対立に加担していないか考えることだ。このステップではさらに自分をさらけ出し、偽りなくいることが求められるが、最も楽しいステップとも言える。

図4で示した関心圏モデルについて考えてみよう。生じた衝突に対して、人は部分と全体を、図5のように対立するものとして考えてしまうことが多い。

こうした世界の見方は、個人のニーズと全体のニーズ間の二者択一、均衡、あるいは選択を表している。この二者択一の観点のなかで、人はどちらか一方の立場を取っている。自分の車に乗るかバスに乗るか、自由に食事するかベジタリアンになるか、個人で財産を増やすことを優先するか給料を減らしてでも非営利の仕事をするか、といったように。思い当たるふしがないだろうか？

　こういう精神構造や世界の見方で思い描く最善の結果は「妥協」であることが多い。図6に示したような中間地点のことである。商品開発の世界でこれが頻繁に起こっているのを目にする。シャワータイルのカビが良く取れるとは言えない「環境に優しい」製品を使ったことはないだろうか？　アクセルペダルを踏んでも反応が鈍く感じる「エネルギー効率の良い」車を運転したことはないだろうか？　著者二人はどちらの商品も買ったことがある！（そして自分は善いことをしているのだという気持ちを抱きながらも家のシャワータイルはピカピカにならず、そしてハイブリッドカーを

図5　部分と全体のトレードオフ（二者択一）

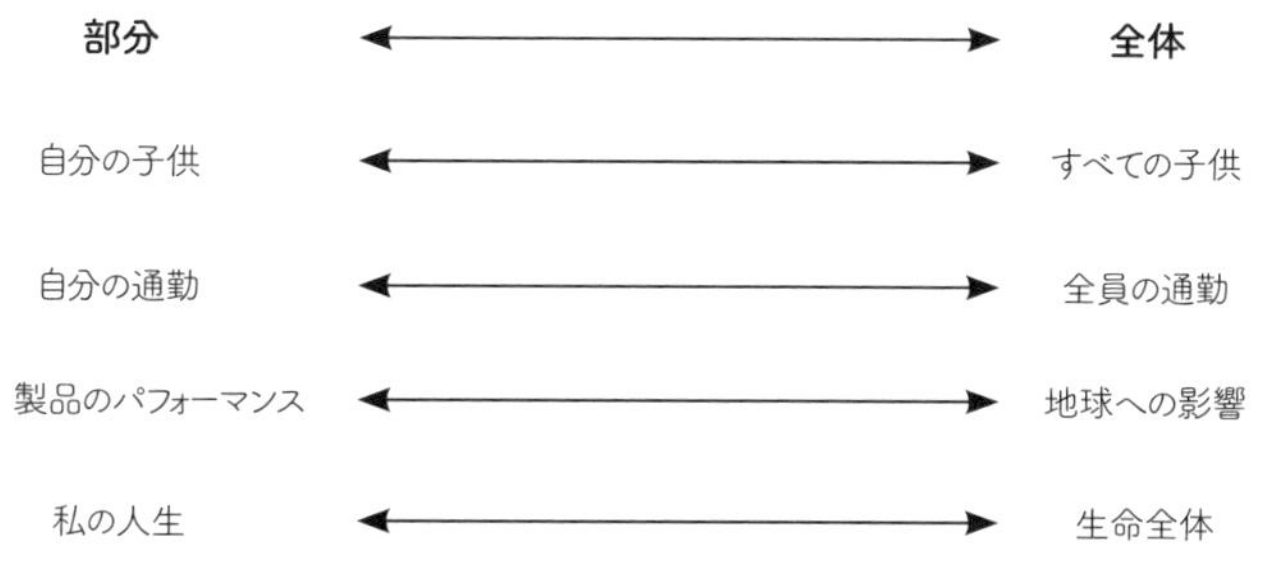

図6　二つの価値観のあいだに根本的なトレードオフを認識すると、思い描ける最善の結果は双方が歩み寄って妥協する地点となる。

運転してきた）

ここで、これまで取ってきた解決策が、二つの価値観のどちらかの選択を強いるものであったこと、または片方を尊重するためにもう片方に歩み寄りを強いるものであったことを認めよう。振る舞いや製品や政策にはトレードオフがつきものだという発想しかないとき、会話は双方の立場からの言い合いとなって行き詰まる。相手は何を目指すべきで、なぜこちらの価値観に合わせるべきか説くことで、「自分は善いことをしている」と感じることができる。エサに飛びついて落とし穴に陥るのだ。すべての人がこういうアプローチを取っていると、人類が直面しているような文化的対立になるわけだ。

対立を認めるとは、まずその対立の歴史を認識し、トレードオフあるいはゼロサムゲームという考え方や、そういう考え方が生まれる原因となった前例の存在を認めることを意味する。それはつまり、自分たちのなかにある二面性を認めるということだ。実際に自分の人生か生命全体か、製品パフォーマンスか地球への影響か、あるいは自分の子供かすべての子供か選べと言われて、どちらかを選ぶことなどでき

「地球を守れ、人類は滅べ」

「採掘は地球から。他の惑星はその後で。」

るだろうか？　どちらにするかを言い争うよりも、正直なところ両方を選びたい。

自身の二面性を認めるのは難しいことだろう。「二面性（ambivalence《アンビバレンス》）」という言葉に強い抵抗がある人もいるかもしれない。この言葉は「両方」を意味するラテン語の「ambi」と、「力」を表す「valentia」から成っている。人は片方の側に肩入れして、もう片方を間違ったものと見なすことが多いため、そうした二項対立を超えて物事を眺めるには深い内省が必要になる。難しいことではあるが、どちらの価値観も確かで、望ましいものだとすら受け止めて、その対立に加担していた自分を認めることができれば、新たな可能性が開けていく。

関心圏モデルは、ものの見方を明瞭にしたり拡張する際の参考となることを目的としたものだ。包括的なモデルではないが、より良い世界を目指そうと一歩踏み出したときに起こり得る緊張関係をよく表している。自分の人生の発展は、生命全体の発展の一部であると同時に、生命全体の発展と相反することでもあるのが分かる。同じように、自分の成功は、組織の成功と密接に関わるものであると同時に、相反するものでもある。こうした関係性を理解すれば、人が本当に求めているのは、従来の二者択一を打ち破り、両方の価値観あるいは目標に貢献する解決策だということが分かるだろう。

価値観は政党によって違う

政治的な会話のなかでは、各政党やイデオロギーの下敷きとなっている「道徳的基盤」について考えることで、関心圏モデルを深めていくといいだろう。社会心理学者のジョナサン・ハイトによると、人は六つの道徳的基盤（ケア、自由、公正、忠誠、権威、神聖）[2]に縛りつけられているという。リベラルか、リバタリアンか、コンサバティブかによってこれらの価値観に対する理解や優先度は異なるものの、どの価値観も各人のなかに生まれつき備わっているものだ。だから大切なものを探ろうとするときは、次のように問うといい。相手は何を神聖視している？　自分たちは何を神聖視している？　相手は誰の自由を守ろうとしている？　自分たちは誰の自由を守ろうとしている？　それぞれ誰をケアし、あるいは公正に扱いたいと思っているだろうか？　誰に忠誠を示し、どんな権威を重要だと考えているだろうか？

二〇一六年の共和党全国大会期間中、ドナルド・トランプが大統領選挙の共和党公認候補に指名される直前のクリーブランドで、オーウェン・シュロイヤーは自分が座っていたバーの席の後ろを環境活動家のヴァン・ジョーンズが歩き去っていくのに気づいた。シュロイヤーは、リバタリアンおよび立憲主義者の思想を支持する報道組織インフォウォーズに勤めており、政治的にはかなり右寄りに位置していた。一方のジョーンズは社会・環境正義を理念とした組織をいくつか立ち上げ、オバマ元大統領のもとで環境政策の特別顧問も務めていた。リベラルの知識人としてCNNの討論番組「クロスファイア」などにも出演した。二人が出会ったのは、司法システムにおける人種的偏見に抗議するデモと警察の衝突が国中で巻き起こっていた時期のことだった。

シュロイヤーとカメラマンは酒を飲むのを切り上げ、ジョーンズを追って歩道に駆け出ると、カメラを回してのインタビューを求めた。ジョーンズは歩き去るトランプ支持者たちのヤジをかわしながら、人種や人種差別をめぐる具体的な質問に答えた。その回答のなかで彼が二面性の優れた例をいくつか示したことで、彼とシュロイヤーの関係も変わっていった。[3]

いまこの瞬間自体が素晴らしいことなんだ。私は君から逃げなかった。口をきかないということもしなかった。なぜなら私たちはこうであるべきだからだ。私は銃を手に取ろうとはしなかった、君も銃を手に取ろうとはしなかった。私は君を罵りはしなかった、君も私を罵りはしなかった。私たちは意見をぶつけ合うことができる……それが可能になるのは、あのパトカーのなかで警察官に殺された黒人男性のために白人の君も私と同じくらい涙を流し、ひどく考えの偏った人間による報復で撃たれた警察官のために黒人の私も君と同じくらい涙を流すときだ。君がこっちの葬式に涙し、私がそっちの葬式に涙し、そして共に涙を流すなら、私たちは警察をより良くし、子供たちの未来をより良くしていく方法を見つけることができるだろう……。

どんなリーダーもすべてに対する答えを持ち合わせているわけではない。政党がすべての答えを持ち合わせているわけでもない。国が正常に機能しているとき、共和党員たちは議題を持ち出してくる。そしてこう言う。「このコストはどれほどで、誰がそれを払うのか?」。共和党員がそうやって問うのは良いことだ。共和党員は、「政府はそこまでしてこれをやるべきなのだろうか?」と問う。共和党員がそうやって問うのは良いことだ。民主党員は言う。「金儲けにだけ協力するような国は機能するだろうか。他のことについてはどうなる?」。こちらがそう言うのも良いことだ。民主党員は問う。「マジョリティに無視される少数派はどうするんだ」。それも良い問いだ。……みんなが正しく手を組めば、共和党は社会の自由、個人の自由、「小さな政府」について語れる。民主党は正義について、踏みつけられた弱者について語ることができる。自由と正義をすべての人に。それがアメリカだ。アメリカはそうであるべきだ。……だが、いま起こっていることはこうだ。君が自由を支持したら、私は君を人種差別主義者と呼ぶ。私が正義を支持したら、君は私を社会主義者と呼ぶ。……こういうことは食い止めなきゃならない。

インタビューの終わりに、シュロイヤーはカメラの方を向いて言った。「正直に言おう。僕はきっとネットのなかで、ヴァン・ジョーンズを最大級に嫌ってる人間のひとりだったけど、ヴァン・ジョーンズへの嫌悪を少し撤回しなくちゃね」。彼はそれからジョーンズへ、インフォウォーズでリベラルの仲間うち以外の聴衆に向けて考えを語ってみてはどうかと提案した。

このヴァン・ジョーンズのエピソードを紹介したのは、単に相手が大切にしている価値観に寄せて考え方を改めるとか、自身の考えを相手の価値観に合わせて語れば良いと言っているのではないと伝えるためだ。本書で求めているのは、相手の価値観を心で受け入れることだ(自分が相手に求めているのと同じように)。はじめのうちは、本書のツールを自分にとって大切なものを見極めるために活用してほしい。自分のなかの二面性を認めることで、これまで見解の合わなかったような相手との会話を進めていく準備ができる。鍛えていけば、敵対的になりかねない会話に直面してもリアルタイムに対処して良き方向へと導いていくことができるだろう。このあとは多様な価値観、特に対立しているように見える価値観を、発展とイノベーションの源泉へとつなげる方法を紹介しよう。

エクササイズ23

自分の価値観、相手の価値観（続）

自分の価値観と、活動に参加してもらいたい相手やグループの価値観を考えてみましょう。関心圏や道徳的基盤のモデルを参考にしてもいいでしょう。二つのリストを作ってみてください。「自分の価値観」と「相手の価値観」のリストです。

リストができたら、相手の価値観に書いてあることが、自分の人生のなかで重要になったことがないか考えてみましょう。それはどんなときで、どんな状況だったでしょうか？　状況が違えば、相手の価値観に賛成できるところがないか考えてみましょう。どこかに共通点はあるでしょうか？　どうしても相容れない価値観は（あるとすれば）何でしょう？

こうした自身と相手の価値観をめぐる問いへの答えを書き留めておいてください。

そのうえで、次の項目を参考に自分や相手の価値観について相手や相手のグループと話し合うときのことをシミュレーションしてみましょう。

- 相手の価値観や、その価値観に対する相手の思いを自分が正しく理解しているか尋ねてみる。
- 相手の価値観で自分の価値観と共鳴している部分を伝える。
- 自分の価値観で相手の価値観と共鳴している部分があるか尋ねてみる。
- 根本的に食い違っているように思える部分を探る。

視野を拡張する

自身の価値観と相手の価値観が、トレードオフや対立はあるものの、どちらももっともなものだと分かり始めたら、会話に対する基本的前提が変化し始めている証だ。一次元的に世界を見るのではなく、二次元で会話を作り上げることができるようになる。

ＭＦＳインベストメント・マネジメント株式会社のショーン・ケニーとロブ・ウィルソンは困難な状況に直面していた。二人はＭＦＳの投資チームとクライアント双方が、より包括的にＥＳＧ（環境・社会・企業統治）の評価基準や分析を、投資の意思決定プロセスへ組み込めるよう取り組んでいた。目標は市場で優れた結果（パフォーマンス）を出しながら、かつ社会的・環境的なリスクやチャンス（インパクト）をより良い形で管理している企業を見つけることだった。クライアント――年金ファンド、基金、および機関投資家――に説明するなかで、繰り返し反対意見を耳にした。「私たちは社会的責任投資はしていない。お金を預けてくれた人びとへのリターンを最大化する責任がある」。詰まるところ、「ウィン・ウィン」の関係だという説明は受け入れられなかったのである。クライアントは投資の経済的パフォーマンスと社会的インパクトのあいだには、図７のような、強いトレードオフがあるに違いないと信じ込んでいたのだ。

トレードオフがあるはずだと考えるメンタルモデルはかなり一般的なも

図７　企業や投資の世界における一次元的な会話

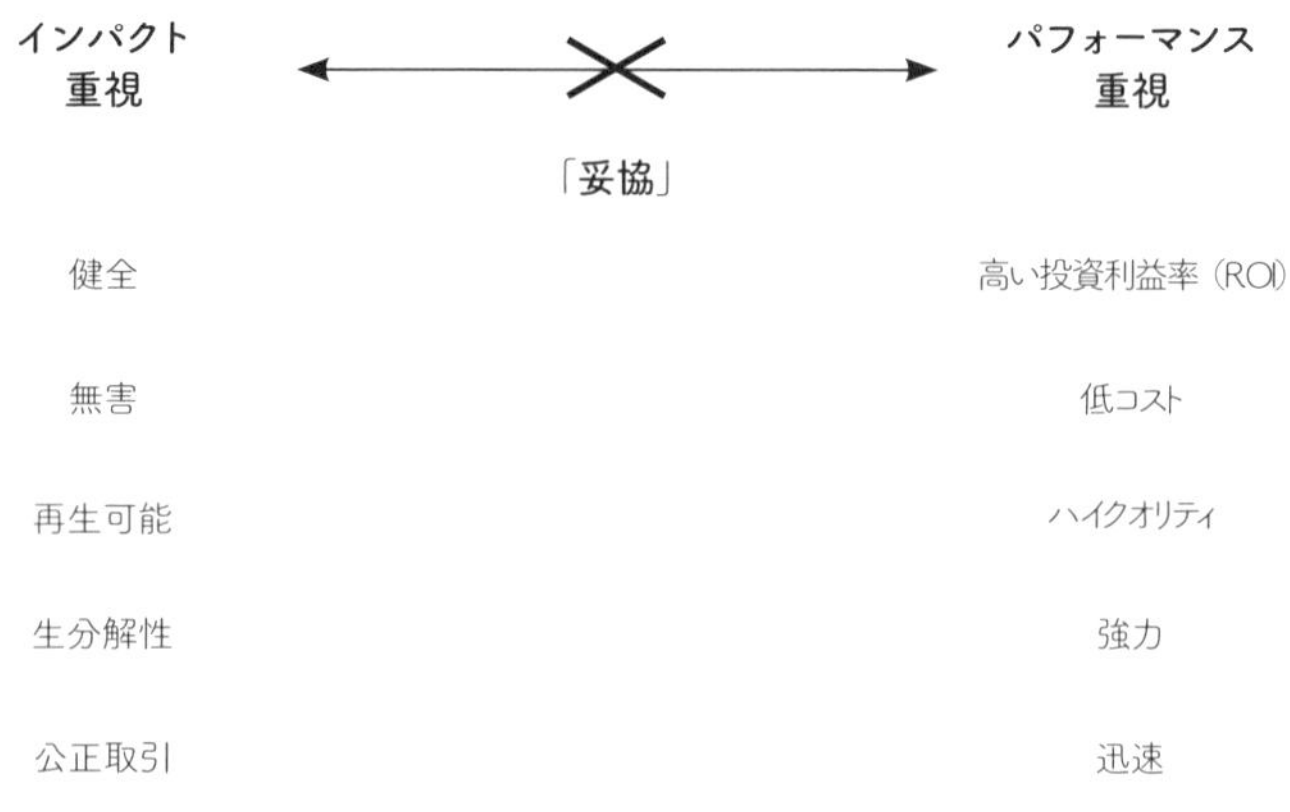

ので、多くの人間の心の声であり、サステナビリティに関する取り組みを滞らせてしまっているものだ。

ショーンとロブは「この世にはトレードオフが必ずある」と信じている人に対して「トレードオフはないのだ」と説いても解決に行き着かないと悟った。

その代わりに、クライアントへ語りかける際、投資利益率（ROI）と社会的価値を一つの軸ではなく二つの軸で表したグラフを見せることにした。論理的かつ長期的な視点では投資家は社会的インパクトとパフォーマンスの両方を大切にするべきであることを示したのだ。二人は図8のような、右下がりのトレードオフグラフ（社会的価値が増すと、リターンが減る）を描いて説明した。「これが極めて一般的な投資環境の見方です。そして実際に真実でもあります。社会的インパクトが大きくてリターンが少ない投資もあれば、その逆もあります」。そしてこの見方を裏づける例を挙げさえした。社会的な配慮で賃金を上げれば短期的に利益は下がるし、環境に害のある業界に投資しても社会からの圧力がそこになければ短期的に高いリターンがあるといった例だ。[4]

「そして、このグラフを右上がりに変えるのが可能であることもまた真実です――二者択一を打ち破る賢明な投資戦略を見つけ出すことによって。私たちは他の投資家たちが注目していない情報に焦点を当てることでそれを実現しました」。ここで、二人は環境的・社会的に配慮した戦略を上手く設計すれば、経済的に優れたパフォーマンスを発揮する例を提示した。

図9は二人が提示した、トレードオフを超えた新たな領域を切り拓く変革を示したものだ。これを行うにはイノベーションが必要だが、個々人の、企業の、そして社会の発展へと向かうことができる。

成果は大きなものだった。MFSのクライアントたちは、この話に好意的に反応し、ESGのアプローチについて真剣に検討し始めた。会話がこれまでに存在していなかった扉を生み出したのだ。

この道のりを言葉で記してみる。

- 暗黙の「トレードオフ（二者択一）」や「いずれか一方」

図8　パフォーマンスとインパクトのトレードオフに対する一般的なメンタルモデル

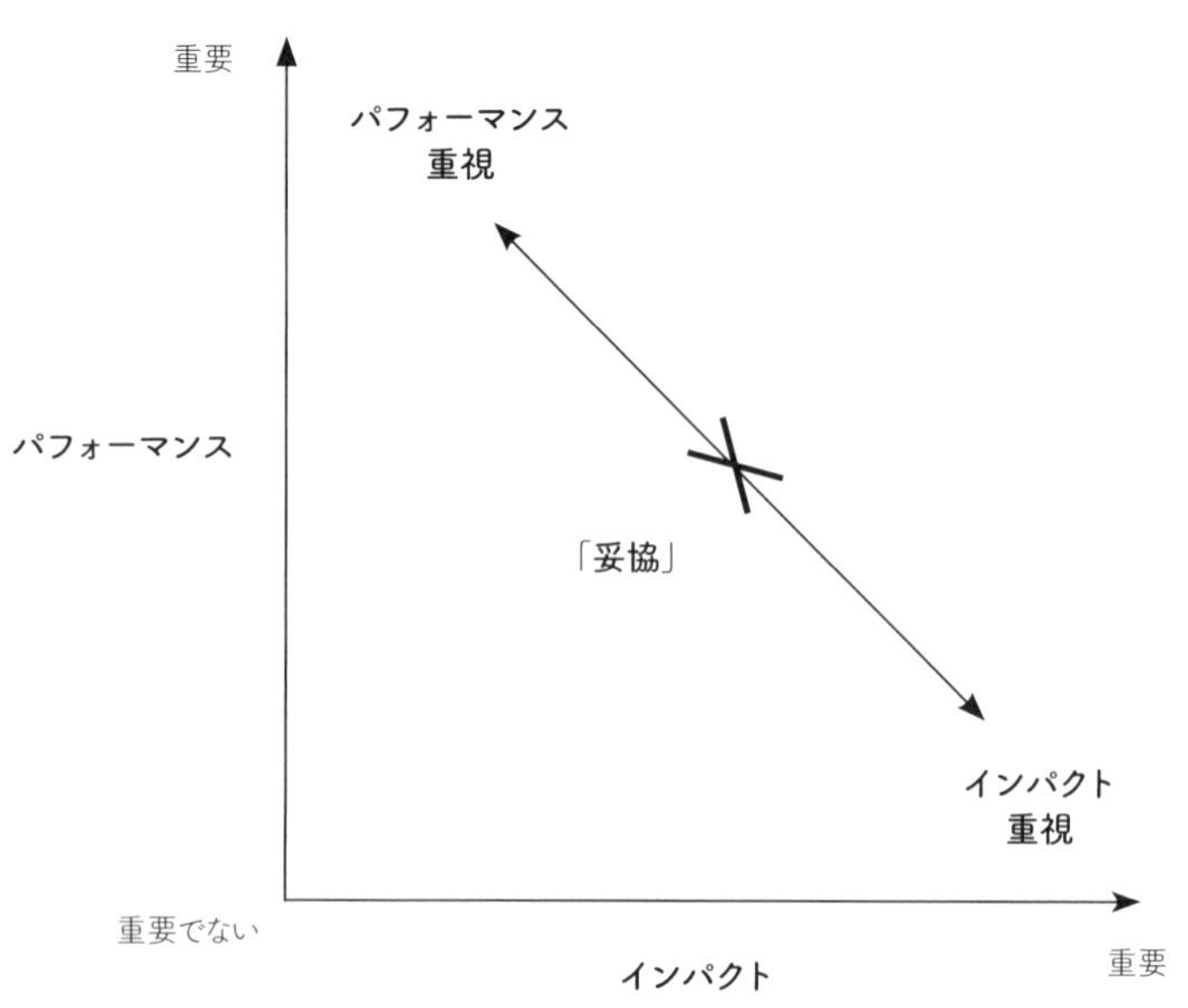

のメンタルモデルを言語化する。

- そのトレードオフの思考を裏づける例を出し、そうした考えへの理解があることを示す。
- このトレードオフを乗り越える可能性がないかどうか、相手にも考えてもらう。
- 一緒に、「どちらも両方」という目標を叶える選択肢について考える。

もちろん、トレードオフを超える「どちらも両方」の解決策は、必ずしもすぐに思い浮かぶとは限らない。しかし、そうした解決策が見いだせそうな場所へと会話を導くことはできる。そこは創造的な未開の地であり、こちらの価値観を拡張するよう迫ってくるような相手と会話をすることによってのみたどり着ける。

図9　トレードオフをイノベーションで突破する

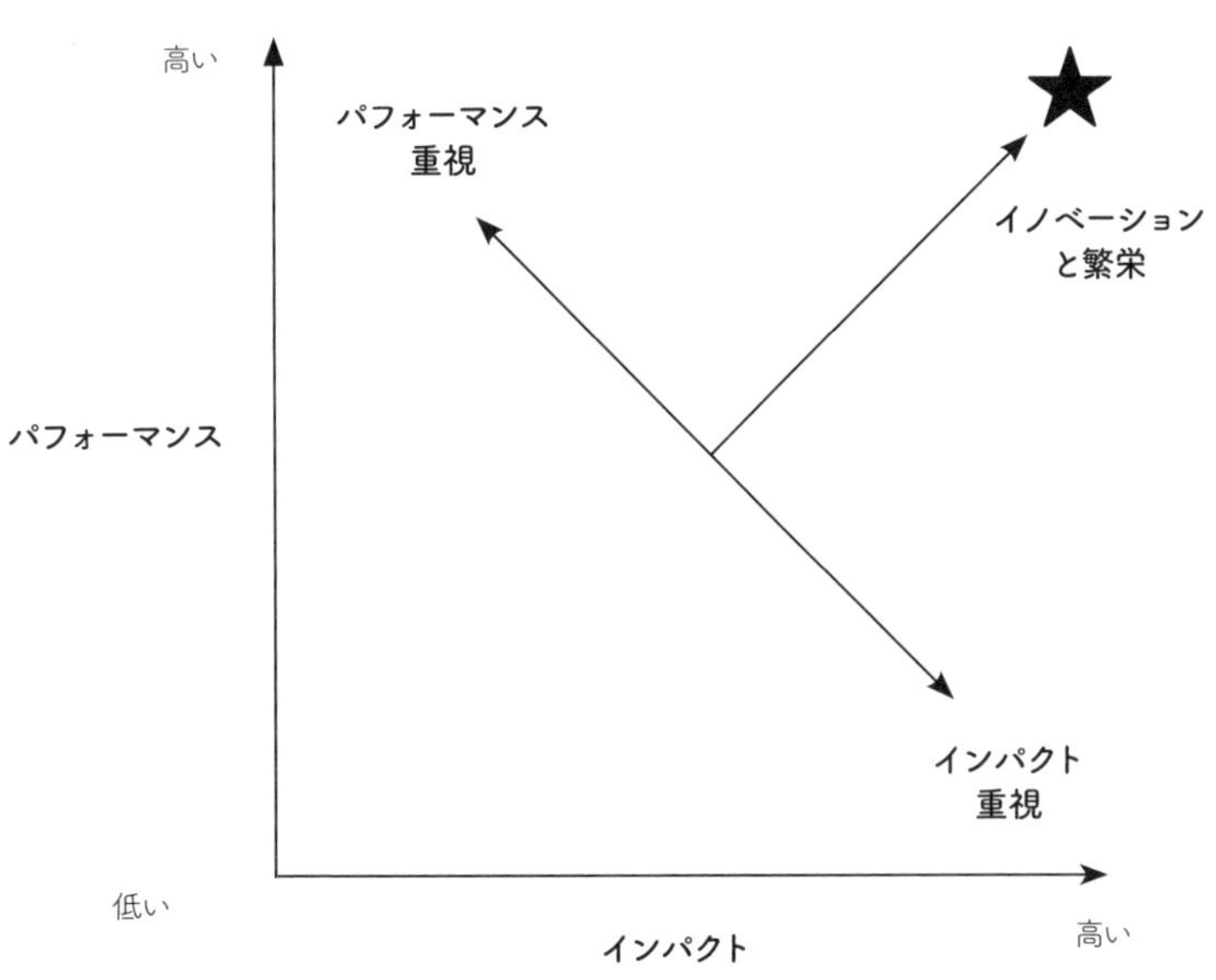

エクササイズ24

一次元の会話を超えて

世界をより良い場所にしようとアイデアを出し合うにあたり、最も緊張関係が発生するのはどんなときでしょうか？

まず、図10のように、その緊張関係を一本の線で、自分が大切にしている二つのもの、あるいは自分が大切にしているものと「相手」が大切にしているもののトレードオフとして描きましょう。両端は、個人としての権利VS集団にとっての利益であるとか、自由VS正義、あるいは経済成長VS環境保護といった抽象的な概念でもかまいません。都市部の有色人種VS地方の白人といった社会集団でも、自分の部署VS組織全体といった関心圏の話でもいいでしょう。

どちらの側につくか決めかねている自分がいませんか？　どちらかを

図10　相反する目標

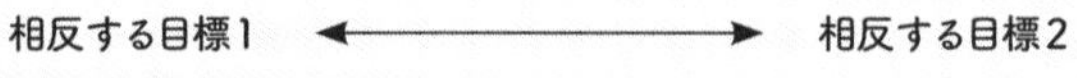

「正しいもの」、もう片方を「間違っているもの」と決めつけていませんか？　結果として、そのどちらかを体現する人物を「正しい」とか「間違っている」と見なしていないでしょうか？

今度は、二つの軸をとった図を描いてください。図11のように、ひとつの価値観を水平軸に、もうひとつの価値観を垂直の軸にしましょう。

「解決策」と言いながらも、実際には片方の目標を達成するためにもう片方を諦めるよう強いる妥協になっているものはないでしょう

図11　妥協かイノベーションか？

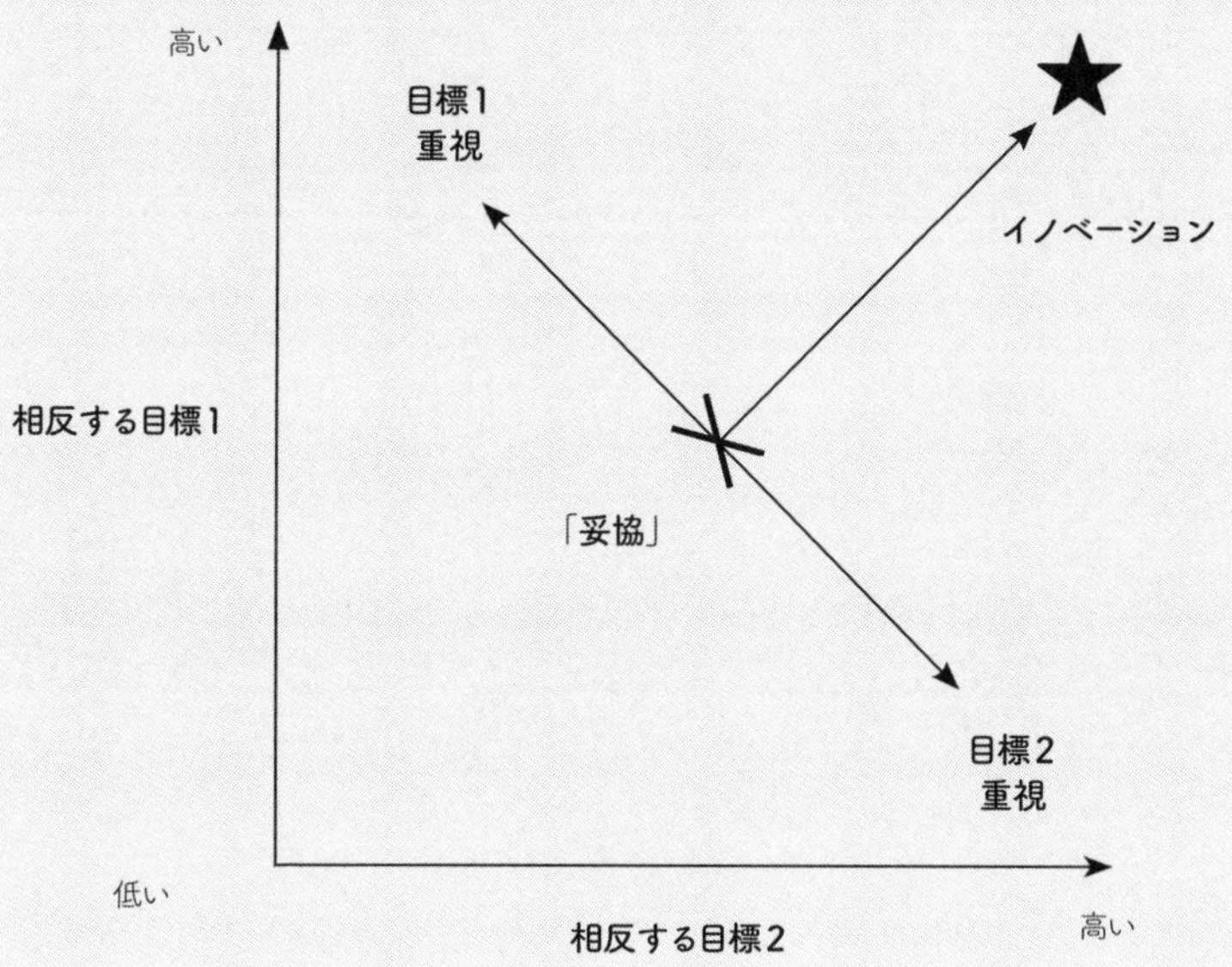

か？（習慣、製品、戦略、あるいは政策など）

新しい境地を切り開き、図11に星印で記したイノベーションの領域を探究する自分を想像してみましょう。そこで何かができるはずだと信じることができるでしょうか？　もしトレードオフを突破することが可能だと思えるなら、それは両方の価値観の重要性を認めやすくするものでしょうか？

もし自分の思い描くものが自身の目標と相手の目標の緊張関係を示すものなら、どうすればその相手と共に、その対立や妥協を認識して、視野を拡張していくことができるでしょうか？

新しい領域でダンスする

お気づきかもしれないが、このアプローチは、可能性を追求し、選択肢を生み出し、それらを検討するという、不断のイノベーションのプロセスのようなものだ。そして、ここには大きなチャンスがある。トレードオフはあるものだと思い込み、過去と現在に焦点をあてた視線から、共に作り上げる未来へと焦点を移すことができる。そして複数の相反する価値観を、創造性やイノベーションへの原動力として活用することができる。

エクササイズ25

価値観や目標の二者択一を乗り越えるアイデアのブレインストーミング

自分の組織や運動のなかで、複数の価値観や目標をめぐって自分や周囲がトレードオフに直面するのはどんな場面ですか？　そんな場面で、「どちらも両方」の可能性はあり得ないと諦めまじりに語ったり、逆に無邪気にそのような可能性はいくらでもあり得ると言っているのを聞くのはどんなときでしょう？

まず、そういった場面でトレードオフがあることを立証する例をリストにしましょう。

片方の価値観に大きく寄与し、もう片方へのメリットが低い解決策を挙げるのです。

次に、どちらがいいかと議論し合った相手にその例を伝え、トレードオフは存在すると認めましょう。もし「自分が正しいのだ」「これが善なのだ」「揺らいだりはしない」あるいは「安全圏にいる」というあり方であったのであれば、そのことも認めましょう！

最後に、「どちらも両方」を満たす領域があり得ることを認め、慎重に検討し評価しましょう。どのような調査やブレインストーミングのプロセスが、その領域での新しいアイデアを発見する助けになるでしょうか？

相手と一緒になって、どうすれば複数の相反する価値観から新しいアイデアを生み出すことができるか考えましょう。この章の冒頭の「価値観を明確にする」のセクションを参考にするといいでしょう。

家族、組織、コミュニティ、そして政府が行き詰まっているとき、多くの場合その原因は現状の解決策が関係者の誰にとっても妥協的過ぎることだ。ブレイクスルーには新たなアイデアが必要になる。共に一歩を踏み出して、何が一番大切かを明確にし、複数の価値観のあいだの緊張関係を受け入れれば、これまでには思い浮かばなかったような最適解が発見できるかもしれない。その旅の原動力となるのは、驚くべきことに、自分たちを行き詰まらせているように見える対立そのものかもしれない。

第七章　まとめ

- 対立をイノベーションと行動のエネルギーに変えることができる。そうするには対立する価値観のあいだの緊張関係を受け入れる必要がある。
- 緊張関係を受け入れるには四つのステップがある。まずは自身の落とし穴を認識するという大仕事を終えてから取り組んでほしい。それらのステップは行き詰まった会話を先に進め、対立した状況で新しい会話を生む助けとなるはずだ。
- 第一のステップは、事実を基にした議論を超えて、希望や不安と向き合いながら双方の「価値観を明確にする」ことだ。相手の観点を理解するべく「関心圏」や「道徳的基盤」に目を向けよう。

- 第二のステップは、「対立を認める」ことだ。自身のうちにある二面性を知ろう。相手の価値観に対する自分の関心を知ろう。そして過去に自分が対立構造を生むのに加担していたのであればそれも認めよう。
- 第三のステップは、「視野を拡張する」ことだ。どちらの目標も満たさない妥協点を超えて、価値観のトレードオフを乗り越える解決策を見つける意志を表明しよう。
- 第四のステップは、「新しい領域でのダンス」だ。ブレインストーミングや調査をしたり、相手とつながって、プロトタイピングをしたりして、お馴染みのものを超えたアイデアを創造しよう。
- **やること**：本章のエクササイズを活用して、価値観や戦略という点で自分と緊張関係にあると思われる相手と語り合おう。その緊張関係は、第三章から六章までのエクササイズの成果で行き詰まりから抜け出した会話や、働きかけたい新たな相手やグループとの会話のなかにあるはずだ。

8

対立を超えた会話

輪を広げる

第一章で紹介した移民労働者問題についての活動家セザール・チャベスを覚えているだろうか？　彼が運動を築き上げた方法は、ひとりと話して、また別のひとりと話して、さらにまた別のひとりと話すことであった。その考え方に着想を得て、本書は対人間の会話に焦点をあててきた。意見を同じくしている相手へ「分かりきったことを説く」ことを超えて、異なる意見を持つ一人ひとりに働きかける手助けをしてきた。

基本的に、近道はない。ひとつひとつの会話を変えていかない限り、全体の会話を変えることはできない。しかしながら、いまから紹介するように、ひとつひとつの会話が、大きな会話に向けたトレーニングや、備えになることはある。本書のツールを活用すれば、問いかけと影響の輪を広げることができる。

ガブリエルは、妻とのリサイクルにまつわるエピソードを、二〇一五年の環境ビジネス会議で個人的な事例として語った。講演のあと、ある大手自動車会社の取締役に声をかけられた。「私たちはあなたのリサイクルの会話を、何万という人間単位で再現してしまっていたようです」。ガブリエルがどういうことかと尋ねると、取締役は答えた。「たとえば、段ボールのリサイクルに油まみれの布が混ざっていることを注意喚起すると、逆に布の混入が増えてしまう。そういうデータがあるんです。それなのにいまだに注意喚起を続けてしまっていました。私たちが送るEメールは、何千人もの人びとがそれまでは喜んで行っていたであろうことのやる気を削いでいるのかもしれません。早速チームとのミーティングを持つことにしました。すぐにでも変えていきますよ」

第六章のローラと友人ニックのエピソードを覚えているだろうか――気候変動について、彼女が勇気を持って自分をさらけ出し会話を持つ方法を学んだエピソードだ。以下は、ローラの後日譚である。

二〇一五年に参加していたインディアナ州政府夏期インターンシップの期間中、当時インディアナ州の知事を務めていた現副大統領のマイク・ペンスと会う機会がありました。彼は自分のオフィスで、私を含めたガバナーズ・パブリック・サービス・サマー・インターンシップ・プログラムのインターン生三〇名への歓迎パーティを開いたのです。何年ものあいだ、知事のペンスはＥＰＡ（環境保護庁）のクリーンパワープランへ強く反対していたから、環境問題を支援する人物とは思われていませんでした。昔なら、彼と関わるのは避けていただろうと思います。きっとその歓迎パーティにも出席しないで、「時間を割く価値がない」とか「影響なんて与えられるわけない」と思っていたはず。関わりを持つかどうかを自分で決める自己満足的なあり方をしていたのです。

でもこのときは、ニックとの経験を踏まえて、思いやりと理解の態度を見せるようにしました。ペンスにインディアナの環境問題をこの先どのように舵取りしていくのか尋ねると、驚いたことに、彼は私の意見を聞いてきたのです。私は、大学院で公共政策と環境科学の学位取得に取り組んでいるのは、人類と環境を健全に保ち続けることに力を注いできたからだと語りました。そして複雑な環境規制に対応し、経済的成功と環境的健全性を確かなものにするためにインディアナ州が行っている、小規模事業に対する無料の技術サポートのことを誇りに思っていると伝えました。

同僚たちも私も驚いたのですが、これに触発されたペンスはインターン生全体に向けてその場でスピーチを行い、インディアナの自然資源の美しさや、環境スチュワードシップを州の優先事項に持ってくることの大切さを語りました。それは私が聞いたなかでペンスの最も環境に配慮したスピーチであり、しかもそのスピーチは今後重要な政策決定に関わっていくであろう集団に対して行われたのです。

一年後、当時知事だったペンスは国中をまわり、副大統領候補としてドナルド・トランプと共に選挙を戦いました。最初の大統領選挙討論会で、トランプの選挙対策本部長は、トランプが「地球温暖化は人間がもたらしている現象だとは考えていない」というステートメントを発表しました。その週の後半にあったCNNのインタビューで、ペンスはクリス・クオモから選挙戦におけるトランプの地球温暖化へのスタンスについて問われ、こう答えました。「この国や世界各国で行われている活動が、環境や気候に何らかの影響を与えていることに疑いはない」[1]

私はこの発言に驚きました。トランプや共和党の核となる政策的立場とは真っ向から対立する発言だったからです。あのインターン生に向けたレセプションでの会話がどれほど政策提言に直結し、ペンスの個人的な信条に影響を与えたかは分かりません。ただ言えるのは、あの日パーティに参加し、厄介な会話の機会を持ってみようと思った自分の決断に心から感謝しているということです。

自分の立っている場所から始めよう。自分の近くにいる相手と会話していくことで、会話を行き詰まりから抜け出させる方法を学ぶことができる。自信を育み、他人と共有し得る前進への道を見つけることができるだろう。もしかしたらHPEのジョンのように訓練や情報をもって自分の目標を完璧に表現する言葉を手にしたり、あるいはメリッサやインターフェイス社のジョイスのように、業界全体を変革へと促せるかもしれない。自分しか伝えられない相手がいるのだということを知るべきだ。もしかしたらその相手が次なる選挙戦で立候補したり、影響力のある立場へと移るかもしれない。実践をどこから始めるか気にしすぎる必要はない。まずひとりと会話をして、次にまた別のひとりと会話をすればいいのだ。

全体の会話を変革するには探究の共有が必要

しかしながら、どこかの時点で、一歩引いて、全体の会話をこのアプローチで見るとどうなるか知りたくなるかもしれない。

グループや運動全体が落とし穴に陥ったら何が起きるだろうか？　自分の運動内の人びとを組織的にエサから遠ざけ、会話に命を取り戻し、創造的に緊張関係を受け入れることができるようになれば何が可能になるだろうか？　どんな新しい会話が現れ、自分の運動を形作っていくだろうか？　周りは自分たちのことをどのように思うだろうか？　どのような結果が生まれ得るだろうか？

本書の目標は行き詰まりや対立を突破する道すじを共に作ることだ。落とし穴や緊張関係が継続し受け継がれていく可能性があるのと同じように、前進への道のりも継続し受け継がれ得るものだ。「道」は私たちを個人間の個別の会話から、それらの積み重ねで構成された全体の会話へと導き、さらに集団単位の結果へといざなう。そこへいたるために、本書のツールをより広いコンテクストへと応用していこう。そこでの核となる緊張関係や落とし穴を特定し、それらを受け入れて変革するように取り組み、新しい対話を生み出すために建設的な行動をとるのだ。

本章では、サステナビリティ活動における私たち著者自身の経験と、私たちが何度も経験してきた緊張関係や落とし穴への反省をもとに話を進めたい。他の人びとの活動や会話の参考になればいいと思っている。私たちは社会正義（教育や司法制度改革など）のために戦う人びとや、公衆衛生や安全（ヘルスケア改革や喫煙・肥満・銃の暴力などをめぐる運動）のために戦う人びとを目にしてきた。本章で紹介するプロセスは、より良い世界を目指す思いに駆られながらも、対立や行き詰まりを超えること抜きには成功できないあらゆる活動のリーダーたちの参考になるはずだ。

どんな社会運動にも核心的な緊張関係や落とし穴がある

落とし穴や緊張関係の考え方を個々の会話から運動全体へと適用するとは、どういうことだろうか？

サステナビリティの取り組みを支持する人びとや組織を、一堂に集めたら何が起きるか考えてみてほしい。これは私たちの事例だ。私たちは核となる緊張関係と格闘している。

- 世界の経済が成長することで最も恩恵を受けているのは、いまを生きる人びとだ。私たちはそんな自分自身や貧しい人びとを大切に思っている。一方で環境を破壊する経済成長によって、大切にしている自分の子供や孫たち（そして貧しい人びとの子供や孫たち）の豊かな暮らしが奪われる可能性がある。

●抑圧された人びとや種を大切にしていて、基準や規則や規制を使って保護したい。しかし消費者やビジネスパーソンとして自由な選択も行いたい。

●消費量を減らし、社会的・環境的な害を和らげる商品・サービス・投資を選択して購入したいと思っている。しかし同時に、いまや誰もが当然と感じているようなこれまでと同様のパフォーマンス（快適さ、効果、スピードなど）も求めている。

●ポジティブな未来を築くために、人間の独創性や善意というものの可能性に対して楽観的になりたいと思っている。しかし同時に、現在の不平等の進行や、環境悪化の状況を見ると、将来に対する期待が持てなくなる。

他の分野のグループや活動や共同体との会話に身を浸している同僚からも、様々な緊張関係について聞いた。医療制度改革においては、思慮に富んだ活動家たちが、目の前の患者に最高の医療を提供したいと思っている一方で、時間や資金やその他のリソースは、社会にとって最善な医療効果を確保するために活用したいとも思っている（たとえそれが個々の患者の不利益になるとしても）という話を耳にした。こうした緊張関係は組織全体に広がり、摩擦や衝突につながる。たとえば現場の人間と財務担当者との緊張関係が組織全体に与える影響を考えると分かりやすいかもしれない。

社会正義に関連する運動では、「代表性」が求められる。司法制度改革を求める組織は、投獄された経験を持つ人間や有色人種が舵を取ることで、声をあげている人びとを代表していることを示し、権利向上に直接一役買っている。しかし同時に、こうした実体験を持つ人びとが変革への効果的な戦略を持ち合わせているという保証はない。さらに言えば、白人でアイヴィーリーグ出身の弁護士やコンサルタントたちの方が、資金を集めたり、その他のエリートたちとのパートナーシップを提携しやすいことが多い。結果として、代表性を最大限に打ち出す集団は、組織的な変革の力を持ち合わせていないと受け取られる可能性がある。反対に、「効率性」を最大化する組織であれば、代表性を放棄して特権階層から人を引き入れるべきだと考えるだろう。しかし、そんなことをすると、その組織は「正当性」をめぐって草の根の運動家たちから大きな批判を受けるだろう。「そんな階層の人びとは私たちの代弁者ではない」と。

相互補完的目標や共通の目標を持つはずの人びとのなかでの摩擦は、全員のエネルギーや運動自体の影響力をすり減らしてしまう。中心にあるのは「代表性か効率性か」「個人の健康か全体の健康か」「ビジョナリーになるか現実的になるか」といった緊張関係だったりする。しかしながら、私たちに必要なのは「代表的」かつ変革にあたって「効率的」な組織や協力関係を築くことだ。社会的に無視された人びと独自の力と、特権的なグループ独自の力の双方を抽出した戦略が必要だ。個々人の健康をいたわることによって、全体の健康が向上する。そしていまの現実にしっかりと根ざしていると同時に、ビジョナリーなアプローチが必要だ。

私たちの運動の奥には、こうした核心的な緊張関係がある。健全な形で表れれば、こうした緊張関係は学びとイノベーションの原動力となる。私たちの探究に意義と目的を与え、協力関係と前進への道を生む。しかしたいていの場合、人はこうした緊張関係を自分のなかや組織間や広く政治の舞台での対立に変えてしまう。緊張関係は諦めや冷笑の源となり、いら立ちや燃え尽きにつながる。輪の外側での不和や、輪の内側での諍いを生む。そして落とし穴の源となるのだ。

「現実主義かビジョナリーか」の緊張関係は、すべての社会運動に存在する

まず、現実主義者かビジョナリーかの緊張関係について、もう少し詳しく説明しよう。私たちはこの緊張関係を、出会ったすべての社会運動で目にしてきた。二次元で会話を眺める第七章のエクササイズ24を思い出してみよう。一次元的な会話では、現実主義であるかビジョナリーであるかしか選択肢がない。現実主義的な観点からいくと、私たちに必要なのはゆっくりとした変化だ。現実主義者は、人びとが語るビジョンを聞いてはいるが、そのうえで過去を振り返って、すべての変化はゆっくりと起きるものだと言う。ビジョナリーの観点では、私たちに必要なのは革

新的な変化だ。ゆっくりとした変化では目の前の問題に対して不十分であるし、まずもって目指す場所を想像できないことにはそこへたどり着けないと考える。現実主義者はビジョナリーのことを妄想的だと考え、ビジョナリーは現実主義者のことを冷めていると感じる。妄想と幻滅は、現実主義者かビジョナリーかの緊張関係から生じる二つの落とし穴と言えるかもしれない。

実際、ビジョナリーの発言を現実主義者が聞くと、その人物は、「現実の声」を差し挟みたいという誘惑に駆られる。現実主義者の発言をビジョナリーが聞くと、「より大きな観点」が必要だと考える。そこから生じるのは、一次元的な議論や綱引きで、両者ともに自分の観点こそがより必要なのだと言い募る。そうやって対立が起きる。

本当は、誰もがビジョナリーであり、誰もが現実主義者だ。ある場所では代表的でない意見に賛成し、別の場所では反対している自分がいるだろう。あるコミュニティでは現実主義者として知られ、別のコミュニティではビジョナリーとして知られながらも、どちらの会話においても生み出したい影響を生み出せていないかもしれない。

前進への道のりは、ビジョナリーか現実主義かという一次元的な空間から、二次元的な会話へと踏み出すときに現れる。どちらの観点も持ち合わせているときに、人は健全で創造的な緊張関係を持つことができる。[2] いまの現実に基づきながらも、ビジョンの力にアクセスできる境地を切り拓くことになる。

例として、第七章でオーウェン・シュロイヤーとの関係性を変容させたヴァン・ジョーンズへのインタビューの続きを見てみよう。

ひとつの国になるのなら……選択の余地はない。ここにはすべての人種がいる。どんな階層も、どんなジェンダーも、どんなセクシュアリティも、どんな信仰も、アメリカにはあらゆる人間が生まれて暮らしている。私たちは人類の歴史における奇跡なんだ。この国で毎日行っていることを試そうとした国さえ他にない。たった二つの民族グループで上手くいってない国々もあるのに……。

だがいまアメリカ人同士で、私たちは正直にならねばならない。アメリカにはいつも二つの側面があり、一面的ではない。アメリカは建国者たちにとってすら嘆かわしいほどの建国時の厳しい現実から始まっている。ジェファソン記念館に行けば、大理石のトマス・ジェファソンは言う。「神が公正であり、神の裁きが眠りにつくことなどないのだと考えると、私は自分の国のことがひどく心配になる」……彼はつまり奴隷制のことを言っている。それが建国時の現実だ。しかし良い点は、建国時の夢もあるということだ。先のトマス・ジェファソンは言った。「われわれは、以下の事実を自明のことと信じる。すなわち、すべての人間は生まれながらにして平等である」と。

それがアメリカだ。この醜い建国時の現実、そして美しい夢。私たちをアメリカ人たらしめているのは、何世代にもわたって建国時の現実と夢の溝を少しずつ埋めてきた、議論の、そして改定の過程だ。それこそがアメリカ人だ。……だからもし建国時の夢を否定し、建国時の現実の醜さだけを見ていたら、それは間違いだ。建国時の現実だけがすべてじゃない。だがもし、反対に、建国時の現実から目を背け、肉親がそうした建国時の現実に苦しめられてきた人びとの痛みから目を背け、その現実は間違っていると言うなら、君も間違っているし、アメリカを理解していないということだ。

ここまで共に歩んできた人ならば、すでに現実主義／ビジョナリーの緊張関係を自身のなかに見いだしているだろう。第六章で紹介した手紙を書くエクササイズは、いまの現実とビジョンの両方を力強く語れるようになるためのエクササイズだ。いまの現実とは自分とエサの関係（第四章）であり、ビジョンとは自分が本当に求めているもの（第五章）だ。どちらかを語っただけでは、会話を健全で創造的な緊張関係へ運んではいけない。

本章では、個人にとどまらない運動のなかでも健全で創造的な多次元の領域を探求するスキルを身につけよう。最初のステップは、自身の活動にある核心的な緊張関係を特定することだ。

エクササイズ26

自分の活動のなかの核心的な緊張関係

組織や活動のなかで何人かを集めて（自分とパートナーでも可）、以下の問いについて考えてみましょう。

●自分たちの活動のなかの核心的な緊張関係は何だろう？　活動内でよく耳にする緊張関係や相反する要求は？

●どのような緊張関係や価値観が、活動内部の人びとと外部の人びとを分断している？

緊張関係をひとつずつ書き出し、双方の価値観をポジティブな言葉で記してみましょう。つまり、それらの価値観が何を支持しているかを書き出すのです（何に反対しているかではなく）。

活動外部の人びとが支持しているものを特定するには、少し時間がかかるかもしれません。相手が何を支持しているのかを考えず、「向こうはこちらが求めるものに反対している」というところで止まってしまう人が多いからです。もし行き詰まったら、自分と意見の異なる相手に答えを聞いてみましょう。

サステナビリティの運動に取り組んでいるなら、これまで紹介してきた私たちの体験を参考にしてください。そこに何を加えますか？　自分の状況に合わせて言葉を編集しましょう。

運動自体も集団としてエサや落とし穴にはまる

個人ではなく運動というレベルでは、どのようにエサを回避し、緊張関係を受け入れることができるだろうか？　第三章から七章まで、会話を変革し、会話に命を取り戻すのは個人でできることだった。個人ではすでに、自身の会話を振り返り勇気を持って再び取り組む力を持っているはずだ。集団を落とし穴から抜け出させることも、部分的にはまさにそういったことに取り組み、個別の会話を変えていくことで成し遂げていくことができる。ただそれだけにはとどまらず、集団の会話または全体の言葉遣いに目を向けることもできる。集団にとってのエサを回避したり、集団で陥った落とし穴から抜け出すには、人びとが使う「サステナビリティ」「社会正義」「公衆衛生」といった言葉を詳しく検証することが役に立つだろう。知的な概念であるだけでなく一体感や忠誠の印となっている言葉だ。エサや落とし穴の構成要素は、まさにこうした概念や「より良い世界」といったより大きな概念のなかに潜んでいる。

「より良い世界」に向けたいかなるビジョンや運動も、一面的なものではない。私たちが取り組んでいるのは全体のシステムのためのビジョンだ。そしてシステムは様々な要素から成り立っている――チームや組織の人びと、コミュニティやインフラ、バリュー・チェーン、国家、生態系、そして地球全体。そうした要素の集積はたいてい複雑なものだ。大量の要素が多様な形で絡み合っている。「サステナビリティ」は、どのように全体のシステムが機能するかを語る言葉だ。システムのある部分の振る舞いや健全性を見ただけでは、システム全体のサステナビリティは理解できない。同じように、「社会正義」や「公衆衛生」もシステム全体に関わるビジョンだ。

システムの未来を大切に思うのは、普通自分がそのシステムの一部であるか、自分の大切な人がそのシステムに属しているからだ。気候変動という文脈で言えば、著者のジェイソンとガブリエルはともに沿岸地域の都市に暮らしている。フロリダの海岸やバングラデシュの近辺など、危険をはらむ不安定な場所に暮らす家族たちがいる。あなたにもカリフォルニアのセントラル・バレーで農業に勤しみ干ばつを心配するおじや、気候変動政策について懸念する石炭業界にいる友人がいるかもしれない。私たちはみな、システム全体に向けて行動しようとするとき、全体のなかの部分として動いている。

では、この文脈で第四章で見たエサの一般的な形態「自分は正しいのだ」「善いことをしているのだ」「揺るぎないのだ」「安全なのだ」という気分になるものについて考えてみよう。

「正しさ」を手放す

自分がシステムの一部であるとき、そのシステム全体をどの程度本当に把握できているだろうか？　静脈注射のドラッグ中毒になり、病気に感染するリスクがあるのに注射針を再利用しようとする人物の思考など、一体どれだけ正確に理解できるものだろうか？　安全が脅かされる街で生き抜こうとする若い黒人男性の体験や、毎日無事に家に帰ってくることを願う警官の妻の気持ちをどれほど理解できるだろうか？　フロリダの不動産オーナーたちが不安定さを増す沿岸部で家を建て、買い、保険をかける動機や考えを本当に理解することができるだろうか？　システムのなかの部分として、自分は全体の限られた部分しか目にしていない。

ある状況に対する自分の見解は、他人の見解と一致することもあれば、一致しないときもある。「自分は正しい」状態でいたいという欲求に固執していたら、人はほぼ確実に間違うだろう。なぜなら自分では複雑な状況全体を完全には理解することができないからだ。そして自分が正しいことを疑わないでいるから、自分の活動に新たな視点をもたらし貢献してくれる可能性のある相手を引き込むことができない。

一方で、「正しくあること」を止めたらどうなるだろう？「正しい」かは分からない価値観に則って行動する。「正しい」かは分からない言葉で自分たちを表現する。そんな状態でとる行動はどんなものだろうか？どんな言葉だろうか？どんな振る舞いをするのだろう？この不確かさは居心地が悪く感じるかもしれないが、前進への道を築くための重要なステップだ。その状態に身を置くと、意見を主張するのではなく、質問し、耳を傾け、新たな観点を理解するべく問いかけをするように変わっていく。

ところが、たいていの場合、人はまるで自分が正しいかのように振る舞ってしまい、世界には絶えず争いが起きる。正しくあること（そして相手が間違っていると考えること）は、より良い世界を目指す際にまとわりつくエサであることがよく分かる。

「善」を手放す

先の各例において、あなたや私はそれぞれシステムに対して利害関係を持っている。私は魚を食べることができる自分の生活環境を大切にしているし、あなたはカリフォルニアにいるおじのことを大切にしていて、私たちは孫の代が快適な人生を送れることを大切にしている。システムの一部分として、私たちは全体だけでなく自分の部分も大切にしている。

自分の私利（特に長期的なもの）が、システム全体の健全性、別名「より良い世界」と一致することもある。漁業がサステナブルであれば、私の子供たちも魚を食べていけるだろう。しかし自分の個人的な利益が、他人の利益や集団の利益と衝突することもある。いますぐ魚を食べたい、熱いシャワーをゆっくり浴びたい、あるいは全員がやったらシステム全体を弱らせかねないと分かっているのにやめられない楽しみ。こういう自身の内側での二面性や葛藤、そして対人間の衝突のなかで、人はどのように協力していけばいいだろうか？　自分は善いことをしているのだと思えば思うほど、自分のなかにある複数の動機を省みることが少なくなったり、自分の目標の追求が相手への押し付けになっていないか検討することが少なくなる。

「自分は善いことをしているのだ」というあり方を止めたら自分のグループや活動はどのようになるだろう？　どうやって動機を保ち続けるだろうか？　ここでもまた、不確かさと問いかけの状態に身を置いてみよう。どんなポジティブな価値観が「向こう側」の人びとを後押ししているか理解を試みよう。

「揺るぎなさ」を手放す

複雑なシステムや社会において変化を生み出そうとする運動内で、「揺るぎなさ」を感じるのはどのような状態か考えてみよう。複雑なシステムの未来は本質的に不確かなものだ。現実には起こらなかった予想などどれほどあったことだろう。環境災害を防げたことなどどれほどあったことだろう。ただ災害を先送りするだけで、危険性をさらに高めてはいないだろうか？　複雑なシステムだからこそ未来は不確かで、私たちは現在に対して限定的な情報しか持ち合わせておらず、小さな変化が大きな波及効果を持つ可能性がある。私たちは大衆向けのサケを養殖する新しい手段を生み出しているのだろうか？　それとも漁業全体を破壊しかねない「トロイの木馬」を生み出しているのだろうか？　自分のライフスタイルや自社の製品が「サステナブル」で、「全体」の持続に役立つのだと、完全なる自信を持って語るということは、つまり自分は未来を知っていると語っているも同然だ。

とは言え、システム全体の行く末を変えようとするならば、多くの人びとに様々な解決策への適応を要求することになる。そんなとき、問題や提示する解決策の利点について揺るぎない態度でいることが何より重要に思える。このアプローチが成功する場合もある。不確かな未来を恐れているとき、人は明快で安心できる答えを与えたがる。不確かさを受け入れるとどのような気分になるだろう？　どんな新しい情報源を求めるだろう？

「安全であること」を手放す

システムの未来をめぐる数々の不確かなシナリオのなかで、人びとの心に浮かぶシナリオの多くは不安に満ちたものだ。私たちはマイノリティへの抑圧や、社会の不安定化や、政府の破産や、自然資源の枯渇や、気候の乱れなどを防ごうと試みている。

しかし未来を変えるための行動を取ることは、大きなリスクを孕むことでもある。長い目で見ると、私たちの解決策は予見できない不測の結果を招きかねない。たとえば、トウモロコシを原料にしたエタノールは、かつてエネルギー危機の解決策ともてはやされたが、食料価格の高騰を引き起こし、二〇〇〇年代の中東の不安定化の遠因となり、治安を揺るがした。複雑なシステムにおけるすべての活動には必ずリスクがある。

安全であると感じるというのは、ほとんどどんなときも幻想だ。個人のレベルでも、行動するリスクは深刻だ。自分が排除されてしまう可能性もある。個々の「チェンジ・エージェント（変化の担い手）」もリスクを抱えながら活動する。これは部分の幸せと全体の幸せの緊張関係といえる。

マーティン・ルーサー・キング・ジュニアの暗殺はリスクの劇的な一例だが、人はみな、公的なステージへ踏み出して何かを主張する際にはリスクを負う。一方で行動に移さなければ、後悔するという極めて個人的なリスクにも晒される。

安全に感じるというエサを手放すと、どのような状態になるのだろうか？　どんな新しいリスクが待っているのだろうか？

エクササイズ27

集団としてのエサを特定する

エクササイズ26で記した自身の活動における核心的な緊張関係について見返してみましょう。たとえば「正義」「自由」あるいは「サステナビリティ」といった崇高な言葉は使われているでしょうか。こうした言葉は「正しく」「善い」ものだと「揺るぎなく」支持できるものです。こうした概念の意義や価値観を誰かが認めてくれる限り、その人と取り組むことで「安心感」を得られます。

その概念やコミュニティの限界について慎重に検討してみましょう。自分ひとりでも、活動を共にしているメンバーと一緒にやってみてもかまいません。

● **「正しさ」を再検討する。**自分の観点は、変えたいと願っている複雑なシステムのどんな部分を明らかにし、何を見えなくしているでしょうか？　そのシステムに対する他の観点で、自分が耳を貸さず目を背けていたものは？　それらは別の人からすれば正しいものであったかもしれません。その人物と関わっていくと、自分の「正しさ」の感覚はどのように変わるでしょう？

● **「善」を再検討する。**自身の活動が成功すると、個人や集団にはどのような恩恵がありますか？　誰が権力や、影響力や、資力を弱め、あるいは失いますか？　自分のアプローチには、予見可能なネガティブな影響や結果はないでしょうか？　そういったことを考えてみて、自分の活動は善だとなおも主張できるでしょうか？

● **「揺るぎなさ」を再検討する。**変えたいと願っているシステムにおける因果関係について、自分が持っているデータや分析はどれほど正しいものでしょうか？

自分の主張のどの部分は証拠に基づいていて、どの部分は推測に基づいたものですか？　自分の考える解決策を使って何度実験を重ねましたか、あるいはどれほど正確に戦略や活動の未来への影響を計測しましたか？　これまでしてきたシミュレーションや結果の予測は、どれくらい当たっていましたか？　こうした問いに向き合うことは、自身の「揺るぎなさ」にどう影響を与えるでしょうか？

●**「安全」を再検討する。**自分のグループが仲間とだけ関わって心理的・社会的安全圏に閉じこもっていると悟ってもなお、その効果的でない状態を続けるというリスクを冒すでしょうか？　それを続けることに、どんな危険がありますか？　行動だけでなく、行動しないことで負っているリスクは何でしょうか？　こうした問いに向き合うと、自分にとって「安全であること」の意味はどのように変わるでしょう？

自分の活動の核にある可能性を発見する

もし自分たちが、集団としてエサを手放したらどうなるだろうか？　正しさや、善や、揺るぎなさを根拠に振る舞って安全圏にいることから生じる矛盾や、オーセンティシティの欠如を認識したらどうなるだろうか？

正直に言えば、それがどのような進歩をもたらすかは分からない。進歩とはどのようなものかも分からない。人には未来に対する共通のビジョンがあるわけでもなく、ましてやその未来へ至ろうとする道すじは人それぞれで、明確に共有できることなどないかもしれない。進歩とは各々が望む未来を託す器であり、人によって様々な意味となり、それゆえ誰にとっても意味がない。「サステナビリティ」「社会正義」「公衆衛生」といった言葉を空の容れ物だと考えたらどうなるだろう。

そうやって居心地の悪い状況に身を置いて考えるとき、選択肢のひとつとなるのが、運動を定義し直して、何を支持しているのかをより明確にするという手だ。たとえば、「サステナビリティ」を再生可能なシステムや、回復力や、繁栄を支持するものとして定義し直すことができる。あるいは「社会正義」を、公共の安全や強い絆のコミュニティと言い換えることができる。

これらすべてを「健全性」や「一体性」という言葉にまとめることだってできるかもしれない。実際に、それぞれの運動に対して、見事に練られたマニフェストが世間には多く存在する。[3]

しかしながら、こうした新しい言葉も、やがてそれぞれの活動が持つ意義や、問題や、影に満たされていく容れ物だ。再生可能なシステムや、回復力や、繁栄や、一体性というのはどれも、複雑なシステム全体から派生した言葉ではあるが、それでも人は全体のなかの部分としてしか行動することはできない。より良い世界を目指すどんな活動にも、「正しさ」「善」「揺るぎなさ」「安全」といったエサは隠されている。

そこで、ここからしばらくは、空っぽの容れ物のままにしておくという選択肢について考えてみよう。

空っぽであるということを別の視点から考えてみる。何か具体的な物事を目指すのではなく、自分たちの運動を可能性だと捉えたらどうだろう。社会正義、公衆衛生、そしてサステナビリティを——自身の活動を——可能性だと考えてみるのだ。

可能性とは現在にも未来にも同時に存在する。つねにちょうど手の届かないところにあり、そうでありながら望む未来を現在に実現させようと、生み出しては作り直しているものだ。可能性というものに対して「自分は正しいのだ」とか「自分は善いことをしているんだ」と考えたり、「揺るぎない」姿勢でいたり、「安全圏」にいるのは難しい。活動の可能性とは問いかけることだ。問いかけの総体であり、答えの総体ではない。それは相手を招き入れる会話だ。
自分の運動を、相手が理解しなければならない固有の価値だと見なすのではなく、問いかけだと考えたら、あらゆる会話を相手を招き入れるために活用することができるようになる。固有のビジョンを伝えようとするのではなく、共に将来を思い描く会話へと相手を招き入れる。エサに飛びついて恥ずかしい思いをするのではなく、共に人間というものを探究していく機会を持つことになる。

エクササイズ28

共に未来を思い描く

自分にとって大切な人物とより良い世界を一緒に思い描くことで、「可能性」をめぐる会話を持つ練習をしましょう。すでに関係がありながらも、普段は異なる意見を持っているような相手を選んでください。かしこまった面会でなくてもかまいません――たとえば、食事を共にしたり、オフィスでのミーティングを設けてもいいでしょう。

●その相手は、どのような難題を乗り越えねばならないと考えている？

●その難題を乗り越えたとして、その相手が喜んで孫の世代に受け渡したい世界とはどのようなもの？

相手から尋ねられたら、自分の築きたいと考えている未来を伝えましょう。二人のあいだには創造的な緊張関係があり、相手はそこで様々な反応を取り得るということに注意してください。相手はわざと妄想的になったり、現実的で冷めた見方をするかもしれません。相手の反応を変えたり正したくなる自分を察知して、その気持ちを振り払いましょう。

「あなたの夢は……」「あなたが乗り越えるのが最も難しいと考えている問題は……」といった言葉で、相手の望む未来と、乗り越えるべき難題を言語化して検討し、会話を健全で創造的な緊張関係へと運んでいく練習をしましょう。

自分の望む未来も伝えたら、双方の可能性を活かす場所を探求する練習をしましょう。

- 相手のビジョンはどのように自分のビジョンを補完する？
- 相手の目標をどうすれば自分の望む未来に不可欠なものにできる？
- 双方の目標が衝突する可能性は？

この会話における自分のあり方に注意を向けましょう。

第五章で、誘導瞑想と、それを行ったワークショップ参加者の成果を紹介した。自分の望む未来におけるあり方を相手に語った結果についてである。それらの結果を再び図12に記す。

このワード・クラウドを見てほしい。勇気を持ってエサを手放し、こうした状態に身を置くのはどのような感じだろうか。一三世紀の詩人ルーミーは次のように記している。

悪いことや善いことという概念を超えると
そこには平野がある。私はそこであなたと会う。

その芝生で魂が休まっているとき
世界はあまりに満たされて言葉では言い尽くせない。
概念も、言葉も、「おたがい」というフレーズも
意味を為さなくなる。[5]

そんな場所に立ち、以下の図のようなあり方でいるとき、自分の活動の核心的な可能性はどのようなものになるだろうか？

ジョン・エーレンフェルトは、このような探究の瞬間に、次のような発言をして、それが彼の執筆の基盤となり、私たち著者二人への大いなる刺激にもなった。「サステナビリティとは人間とその他の生命が地上で永遠に繁栄していく可能性のことだ」。「繁栄」というのはすべてが機能する世界——他者と見事に力を合わせ、「サステナブル」でないものを上手く統制した世界を表すのに良い言葉だ。エーレンフェルトはまた、私たちと同じようにサステナビリティをめぐる活動がそうした世界を生み出せていないと語っている。[6] この、なりたい自

図12　ポジティブな未来における自身のあり方[4]

インクルーシブな　**希望に溢れた**
自信に満ちた　分かち合う　**喜びに満ちた**　穏やか
満ち足りた　**突き動かされるような**
積極的な関与　くつろいだ　**つながっている**
満足　**幸せ**　今ここに存在する　気楽
協力的　健全　オープン　革新的
友好的　**リラックス**　**平和的**
力に満ちた　誇りある　**愛情に溢れた**　寛容

分と、これまでの自分のあいだの創造的緊張関係は、活動外の人びとと効果的な会話を持つきっかけとなる。私たちのことを、「周りより高潔なんだ」と考えている嫌な奴らだと思っている人がいるのも理解できる。なぜなら、実際に、そうだったからだ。でもいまはそんな相手と、自分たちにとって大切なことをしっかりと語り合える。

自分のビジョンや活動の可能性を言語化する時間を取ろう。どんな落とし穴が現れ、どんなときその可能性に見合わない自分であったかを意識しよう。周りの人は自分のことをどう見るだろう？　自分のあり方は築きたい未来に見合うものだろうか？　どんなエサに飛びついてきただろうか？　会話が行き詰まることで、自分が手にしているメリットは何だろうか？　どんなあり方が、自分の築きたい未来に見合うものだろうか？　本当に求めているのは何だろうか？　それを共有したいのは誰だろうか？

必ずしも人に送ったり発表しなくていいので、自身の活動内に起こしたい変革を後押しするような手紙を書いてみよう。それには本書のエクササイズをいくつか振り返る必要があるかもしれない。

エクササイズ29

活動の中心的会話を変革する

グループや、組織や、活動を共にする人びとと、以下の空欄を埋めていきましょう。

［　　　　］（活動や行動の背景となるもの）についての会話に取り組んできて、自分たちのあり方が［　　　　］（過去のあり方）を伴うものであったと認めます。

［　　　　］（より良い世界に向けた目標）を目指すと言いながら、実際には［　　　　］（エサに飛びついた状態）であることを好んでいました。

そんなアプローチの結果として、残念ながら［　　　　］（行き詰まりの結果）という状態を生んでいたと思います。

そんなアプローチをして申し訳なく思っているし、新しいあり方になりたいと思っています。

これからは会話や関係のなかで、［　　　　］（新しいあり方）でいるので安心してください。それは私たちが心から願う未来、つまり［　　　　］（活動の可能性）に見合うものです。昔のようなあり方に戻っていると感じたら、ぜひ指摘してください。

社会正義に関連した活動のなかで、変革の瞬間が訪れたエピソードを紹介しよう。

一九八八年、モリー・ボールドウィンは、大きなリスクに直面する若者たちを支援する組織「ロカ」をマサチューセッツ州で設立した。若者たちの多くは、刑務所を出たり入ったりしていた。はじめ、彼女は警察を若者や自分の仕事にとっての敵のように見なしていた。若者の味方をするということはつまり、若者を押さえつけるシステムの敵になることを意味していた。しかし程なく、彼女はそのアプローチの限界を感じるようになった。若者たちは彼女の放課後プログラムで時間を過ごしたが、トラブルは絶えなかった。警察は彼女が形成しつつあるコミュニティ・センターと放課後プログラムをギャングの避難所のように見なし、彼女の取り組みを信用していなかった。
そこでモリーは、危険のない場所で若者と警察がたがいの希望や不安を語り合える平和なサークル作りを試みた。はじめは危険そのものだった。「若者、警察、保護観察官、地域の住民、そして友人たち……四〇人が来ました」。モリーは振り返る。「最初のセッションが半分を過ぎたころ、一気に火がついたんです。誰もが叫ぶように声を上げ、子供たちは悪態をついて、全員が『ほら見ろ！　こんなの上手くいくわけがないんだ！』と言っていました。セッションが崩壊する様子を見ているのは心が痛かったけど、最終的にどれほど自分が協力ではなく対立を煽るようなあり方だったか、どれほど仲裁役とは程遠いあり方だったかを知りました。『こちら側とあちら側』という考え方には問題があると心の底から分かったし、そんな考えを自分にも組織にも定着させていたことを知りました。『私は正しい、あなたは間違ってる！　問題はあなたの側にあって、私たちにはない、私たちには高いモラルがあるから！』と主張してばかりいることが、真に人や状況をサポートする力を弱める大きな原因だったのです」[7]
モリーとチームは警察長に連絡を取り、内省の結果を伝え、衝突を生んでいた自分のあり方を認めた。その瞬間から、違う方向へ進み始めた。以降のサークルでは、次第に真の会話が生まれるようになっていった。「警察との取り組みは大きな発展を遂げ、私たちが活動するすべての都市で行われるようになりました。あらゆる階級の警官との真に意義深い会話は、『あると助かる』という程度のものではありません。そうした会話は、リスクの高い若者たちの人生を変えていくサポートになくてはならないものです。大変な時期を乗り越えるには、時間と、誠実さと、長期にわたるコミットメントが必要になりますが、私たちの取り組みにとって、この種の会話こそが大切なのです」

現在、ロカは青少年の常習的な犯行を減らすイノベーションの最前線となっているが、それはモリーやチームがギャング、警察、裁判所、仮釈放委員会、学校、社会福祉機関などと見事に力を合わせてきた結果だ。彼女たちの活動は若者と、強固で安全なコミュニティを結びつけた取り組みの手本となり、司法制度において青年へのより効果的な介入を検討していく大きな流れを生むこととなった。

前進への道すじはまだ見つかったばかり

この場所――エサから解放された新しいあり方――から、どのような道が見えてくるだろうか？

個人として、または全体の一部として、あなたの願いを満たすような道すじはどのようなものだろう？

　そうした問いへの答えは著者たちには分からない。ここまで本書に取り組んでいれば、健全な緊張関係に満ちた会話を生むことはできるようになっているだろう。しかしその会話から何が生じるかは知り得ない。本書は読者たちが新たな道を作り、その道を歩いていき、驚くような結果を生み、その結果を著者たちに教えてもらうために執筆したものだ。

　次のページの表6に、著者たちがこれまでに思い描いたり目撃してきた新しい道すじのサンプルを記しておく。それらは第四章（表3）で特定したような落とし穴に陥ったときに試せる新しいアプローチでもある。しかしながら、自身の活動内での落とし穴や取り得る道すじの特定は、あなたに任せよう。

表6　前進への道

落とし穴の種類	あり得る道すじ
誰かがするべきだ	● 自ら真に責任を持ち、最後までやり切る。
君よりは高潔だ	● 自分や孫の世代のために築きたい未来がどのようなものか相手に聞き、心から耳を傾ける。 ● 学びと成長のプロセスや葛藤を偽りなく伝える。 ● たがいに尊重し合えるような、共通する価値観や信念を特定する。
先のことは分かっている	● 相手の信念を認めて、貢献を称える。 ● たがいを尊重し、触発し合い、共創する、創造的で革新的な活動を行う。
一匹狼	● 相手の信念を認める。 ● 自分の信念を伝える。 ● 他人の参加を受け入れる。 ● 相手とたがいに支え合っていることを認める。
これがやるべき正しいことだ	● 相手の価値観に耳を傾け、双方の目標を達成する道を探す。 ● 個人のビジネスおよび利益と、社会の利益の両方を追求する。人はたいてい両方を大切にしているのに、二者択一せねばならないと信じ込んでいることを認識する。
無私または身勝手	● 少数の善と多数の善の二者択一が発生している瞬間を認識する。 ● どちらも大切なものだと認め、「善いことをして成功する」道を追求する。 ● 個人も、社会も、地球も繁栄できるような関係を追求する。
いますぐにだ！	● 義務教育とのシナジー効果をもたらせる機会を探る。 ● 活動には参加していないが貴重な視点をもたらし得る人びとに参加を働きかける。 ● 目の前の難題だけでなく、共に目指す未来についての会話を持つ機会を作る。
人間あるいは自然	● 人間とその他の種のあいだで二者択一が起きる瞬間を認識する。 ● 人類とその他すべての生命に対する愛を称えて表現する。 ● 双方に貢献するような解決策を創造的に思考する。
問題中心主義	● どうなってほしかったのか——自分のビジョンや野望を明確にする。 ● いまの現実に対する明確でデータに裏付けられた見解を持ち、問題をその現実とビジョンとのギャップとして捉え直す。現状の診断や解決策には飛びつかない。 ● 自分のビジョンに基づく未来を土台にして会話を行い、その未来へどうすればたどり着けるか逆算して現在に取り組む。

エクササイズ30

自分と自分の活動の道すじを築く

行動を起こすにあたり、表6の道すじを検討してみましょう。どれが自分やグループや組織や活動にとって一番大切な道ですか？　たとえば……

●自分の集団が陥っている落とし穴を一番よく表しているのはどれ？　落とし穴のサンプルをより詳しく振り返りたければ第四章を見るといいでしょう。

●その落とし穴から抜け出し、将来的にもはまらないための最善の道は？

●どの道が一番自分の直感に反している？　自分のいまの取り組み方と正反対だと思えるものは？　それこそが行き詰まったときに探究する価値のある道かもしれません。

自身の活動内で、他にどんな落とし穴を特定しましたか？

他に思い描ける道はありますか？

目標へと向かっていくために、どんな人、グループ、組織と取り組みたいでしょうか？　そういう相手との会話を変革し得るのはどの道ですか？
次のステップは？

家庭や、教室や、組織や、コミュニティで、この探究に取り組もう。相手に語ってもらおう。相手自身のために、相手の孫たちのために、相手もまだ会ったことのない人びとのために築きたい未来を。人は集団で落とし穴に陥ってしまうが、それと同じように集団で前進への道を築くこともできる。あなたは可能性を生み出せるし、力を合わせて新たな可能性を築くこともできる。

そのプロセスにおいては、謙虚で忍耐強くいられる。なぜなら最初の成果はただの会話に表れるからだ。そして勇敢にもなれる。自分にとって大切な会話に挑んでいくことによって。

エクササイズ31

行動に移す

ある五人に力強く働きかければ、自分の目標が実現する可能性が飛躍的に高まるとします。その五人とは誰でしょう？

名前を知らない相手や、組織名や役職名しか知らない相手でもかまいません。よく考えてリストに書き出しましょう。

そうした人びとにアクセスする方法が分からない場合は、リストの一番上に、最終的にたどり着きたい相手へアクセスできそうな人を加えましょう。

会話をどう始めたらいいか分からない場合は、リストの一番上に、一歩踏み出すサポートをしてくれそうな友人やコーチの名前を加えましょう。

自分のグループや組織が落とし穴に陥っていて、前進への道すじへと乗り出す前に、まずは内部で落とし穴から抜け出すよう取り組む必要がある場合は、リストの一番上に、自分の組織で働きかけるべき相手の名前を加えましょう。

本書のツールを活用して、必要な内省を行い、リストの相手との会話を練ってみてください。第六章のツールを活用して、会話に命を取り戻しましょう。前進の準備ができていいながらも、緊張関係を乗り切れるか不安なら、第七章のツールを駆使して緊張関係を受け入れましょう。

ここで練った会話のなかから、少なくともひとつ選んで実践するようにしましょう。カレンダーや手帳に行動への誓いと、それを実行する具体的な日時を記入してください。

そうやって取り組んだ姿を想像してみよう。より良い世界を目指した行動が、勇気を持った会話と健全な可能性に満ちた探究をもたらしているところを想像してみよう。

経済・社会・環境の変革に向けた会話に、まったく新しい語り口が生まれるかもしれない。緊張関係を、行き詰まりや対立の源から、創造性とイノベーションの原動力へと変換することができるだろう。自分たちの活動は、ストレスの源ではなく、すべての生命の繁栄の源になり得る。そうなっていくと、自分たちの取り組みは人を引き寄せながら拡大していく。その取り組みに参加する人びとや見解がどんどん多様になっていく。そうして万人に影響を与えるほどの規模や質にまで育っていく。その過程で、自分が最も大切にする人びととの関係が向上し、より十全かつ偽りなく自分を表現できるようになる。

人間にとって大きな挑戦をするあなたに幸運あれ。その挑戦のなかに、人間性を発揮する素晴らしい機会を見いだすことを祈る。

さあ、いまから取りかかろう。

第八章　まとめ

- 本書で学んだ技術を実践すると、大きな舞台での行き詰まりや対立を突破する勇気と能力を手にすることができる。会話がどこへ行き着くかは誰にも分からない。
- 組織や運動内で一緒に振り返ることにより、一体感を高めることもできる。社会や環境の繁栄を目指す活動が、ストレスや燃え尽きの温床となるのではなく、関わる人びとにとっての繁栄の源泉となり得る。
- 運動は、それぞれの目標に固有の緊張関係や、現実主義かビジョナリーかという普遍的な緊張関係によって、内部でも対立する可能性がある。そうした核心的な緊張関係を特定することは、一体感を強めて効果的な集団となるためには欠かせないステップだ。
- 運動自体も、個人レベルの場合と似た落とし穴に集団で陥る。そこから前進していくことは、「正しいのだ」「善なのだ」「揺るぎないのだ」「安全なのだ」といったエサをみなが手放すことを意味する。そうすることで、世界の新しい見方、新しい戦略、自分たちの取り組みに対する深いビジョンや可能性を探究することができる。

- 前進への道すじとは、行き詰まりや対立を突破するための、新しいあり方や新しい戦略である。いくつか例を提示したが、読者には自らの道を進んでもらいたい。
- **やること**：組織や運動内の人びとと共に、内部での核心的な緊張関係と、集団で陥っている落とし穴について検討しよう。自分のビジョンと、取り組みのより大きな可能性を明確にしよう。これまで行き詰まっていたことに、新しい道からアプローチしてみよう。勇気を持って会話し、最後までやり切ろう。

謝辞

多くの謝辞は家族への感謝で締めくくられるものだが、私たちは家族から始めるのがふさわしいように思う。私たちそれぞれの妻、アラカとサラ、そして子供たち、ヴィクラム、ユマ、アリ、そしてマデリンは誰よりも私たちの無謀な試みに我慢して付き合ってくれた。私たちが内省し、学び、成長するにあたって誰より明瞭な鏡のような存在だった。本書ではいくつか家庭という最前線での改革運動のエピソードを紹介している。サラは本書にいたる各稿で貴重な意見を提供してくれた。アラカは章やタイトルだけでなく、本書全体を通した私たちの声に新たな形を与えるような言い回しをもたらしてくれた。この旅のあいだじゅう提供してくれた愛や、ユーモアや、サポートには言い尽くせないほど感謝している。

出版までには数々のメンターや教師たちからも助力を得た。ジェイソンにとって、本書執筆のあいだ大いなる「頭のなかの声」となってきたのは（順に）両親のリック・ジェイとスー・ソーヤー（本書について貴重なコメントもくれた）、レブ・ザルマン・シャクター＝シャロミ、ネタネル・マイルズ＝イェペス、ロバート・キーガン、カタリーナ・ラセルナ、ブルース・アレン、ビル・アイザックス、スキップ・グリフィン、グレニファー・ギレスピー、ピーター・センゲ、ジョン・スターマン、ワンダ・オーリコウスキー、リック・ロック、そしてスーザン・シルビーだ。そしてガブリエルにとっては、つねに自分の道を追うことを教えてくれた両親のグレゴリー・グラントとマリリン・バウチャット、ジム・ブレイナード、マーク・ボイス、ギュンター・パウリ、アメリア・テラピン、トム・シーガー、マリアン・チャートウ、チャールズ・フォーグル、エイミー・レゼスニエウスキー、チャッド・オリヴァー、ハリー・ピッケンズ、アナマリア・アリスティィザバル、ウェイン・デイヴィス、バレット・ブラウン。

私たち二人を導き、影響を与えてくれた人びとにも感謝している。ジョン・エーレンフェルトは「サステナビリティ」というものを、人間やその他の生命が地球で永遠に繁栄していくための「可能性」だと捉え直した。ドネラ・メドウズは私たちみながビジョンを持ち、それを表現するよういざなってくれた。二人は私たちが「オーセンティシティ」「個人の変革」「より広範な社会の変革」のあいだに大きな関連性を見いだす手助けとなった。ロバート・キーガンとリサ・レイヒーの『なぜ人と組織は変われないのか』、そしてオットー・シャーマー『U理論』も私たちの仕事へ多大なる影響を与え、一冊の本を通して個人的および社会的変革のプロセスを伝えるのが可能であることを示してくれた。ワーナー・エアハードと出会えたこと、それからすでに記した面々やロジャー・スミスといった、彼が送り出した教師やコーチたちと出会えたことにも深く感謝している。会話を変革できる可能性を示してくれた。さらに、特に「緊張関係を受け入れる」

の章を筆頭に、私たちの考え方の多くに含まれる逆説的な捉え方は、ケンウィン・スミス、デイヴィッド・バーグ、ロバート・クウィン、キム・キャメロン、ウェンディ・スミス、マリアン・ルイス、ポーラ・ジャーザブコウスキーらの仕事のおかげである。深遠な概念を組織や社会変革に役立てようと試み続けるこうした人びとから、私たちは恩恵を受けてきた。そして、本書は政治的な分極化の問題に対して新たな見地から取り組む現代の著者たちからも示唆を得ている。ダン・カハンによる気候変動やその他の社会的リスクについての社会心理学、「社会はなぜ左と右にわかれるのか」についてのジョナサン・ハイトによる丹念な記述、「アメリカの再統合」を目指すマーク・ガーゾンによる良く調査された研究はどれも本書のインスピレーションとなった。

ワークショップの参加者たち、生徒たち、そして聞き取り調査に応じてくれた人びとは、心をさらけ出して自らの経験を披露してくれた。みな実際に会話の変革へと取り組んでくれ、全員に感謝している。ケヴィン・ハーゲン、メリッサ・ギルダースリーヴ、ジョイス・ラヴァル、ジョン・フレイ、ショーン・ケニー、ロブ・ウィルソン、モリー・ボールドウィン、ブレント・シーガルらは、本書へエピソードを提供してくれた。それらのエピソードが読者の未来への素晴らしい礎となることを願う。

こうしたすべてはケイティ・ウォレス、バレット・ブラウン、そしてサラ・ソダーストロムの協力抜きにはなし得なかった。バレットは重要なエクササイズを発展させるサポートをしてくれた。

ミシガン大学でのサラの環境リーダーシップについての授業は私たちが目にしてきたなかで最も深い変革を生み出してきた。私たちのワークショップは資金面でのサポートも得ており、特にPwCのジェフ・セヌ、バイロン・フェローシップのマーク・ボイス、グランサム環境保護財団のジェレミー・グランサムとラムジー・ラヴェネルに感謝する。

本書のプロジェクト・マネジャーであるローラ・イェイツからも多大なるサポートとインスピレーションを得た。彼女の気候変動についての卒業前の会話は本書の幕を開け、勇気を持って語りかけたエピソードは第六章と八章に見られる。彼女は私たちをまとめ、作業に集中させ続けてくれた。

私たちの編集者、ローズ＝アン・ムーアとアナ・ラインベルガーは、私たちの乱雑なアイデアやエクササイズを一貫したものにまとめ上げる手助けをしてくれた。そしてベレット・コーラー社のジーヴァン・シヴァスブラマニアンおよびスティーヴ・ピエルサンティの「愛のむち」と励ましがなければ本書を進めることはできなかっただろう。すべての人のための世界を築こうと、著者たちの力を発揮させるべく献身する出版人や著者のコミュニティへ参加することができ、私たちも触発された。

二つのグループからは初期の原稿に対して極めて役立つフィードバックを受け取った。一つはワンダ・オーリコウスキー、ピーター・センゲ、ジョン・エーレンフェルト、アンドリュー・ホフマン、バレット・ブラウン、チャールズ・フォーグル、ビル・アイザックス、そしてスティーヴ・シャインら、私たちが尊敬する著者たちだ。もうひとつはレイチェル・ペイン、ベッキー・マルジョッタ、キャロライン・デュポン、ジョン・ハリソン、ジャスミン・ハミルトン、サヴァンナ・クリスティアンセンら、初稿のエクササイズを何とかやり切ってくれた「テストユーザー」たちだ。サラ・タウンゼンド＝グラントとクロエ・コックバーンは健康や社会正義の文脈で私たちの見解を発展させる助けとなった。本書のイラストレーターのジョン・コックスは「真面目な遊び」の精神を体現するのに一役買ってくれた。そして最後に、本書の取り組みを教室で実践してきたエリザベス・ウォルシュ、ジェシカ・フォークト、ジェームズ・ベレスフォード、ジム・ストーナー、グレン・ダウエルら大学教員たちから大いなる示唆を受けてきた。

私たちはすべての友人たちの豊かな見識のおかげで全力を尽くすことができた。至らない点や不明瞭な点はひとえに私たち二人の責任である。

真之助訳、平河出版社、1996 年)]
- Sheffi, Yossi. *The Power of Resilience: How the Best Companies Manage the Unexpected.* Cambridge, MA: MIT Press, 2015.
- Stauch, Jeffrey David. *Effective Frontline Fundraising: A Guide for Nonprofits, Political Candidates, and Advocacy Groups.* Berkeley, CA: Apress, 2011.
- Sun Tzu. *The Art of War.* Translated by Samuel B. Griffith. London: Oxford University Press, 1971.
- Zaffron, Steve, and David Logan. *The Three Laws of Performance: Rewriting the Future of Your Organization and Your Life.* San Francisco: Jossey-Bass, 2009. [スティーヴ・ザフロン、デイヴ・ローガン著『パフォーマンスアップ 3 つの法則——組織と個人の成果にブレークスルーを起こす法』(翻訳協力：株式会社トランネット、ダイレクト出版、2011 年)]

October 13, 2011. https://www.youtube.com/watch?v=oAyU6wZ_ZUg.
・ Okimoto, Tyler G., Michael Wenzel, and Kyli Hedrick. "Refusing to Apologize Can Have Psychological Benefits (and We Issue No Mea Culpa for This Research Finding)." *European Journal of Social Psychology* 43, no. 1 (2012): 22–31. doi: 10.1002/ejsp.1901.
・ *Oxford Dictionaries.* s.v. "authentic." Accessed April 10, 2016. https://en.oxforddictionaries.com/definition/authentic.
・ Pariser, Eli. *The Filter Bubble: What the Internet Is Hiding from You.* New York: Penguin Press, 2011.
［イーライ・パリサー著『閉じこもるインターネット――グーグル・パーソナライズ・民主主義』（井口耕二訳、早川書房、2012 年）］
・ Patterson, Kerry, Joseph Grenny, Ron McMillan, and Al Switzler. *Crucial Conversations: Tools for Talking When Stakes Are High.* New York: McGraw-Hill, 2012.
［ケリー・パターソン、ジョセフ・グレニー、ロン・マクミラン、アル・スウィツラー著『ダイアローグスマート――肝心なときに本音で話し合える対話の技術』（本多佳苗、千田彰訳、幻冬舎ルネッサンス、2010 年）］
・ Pfeffer, Jeffrey. Power: *Why Some People Have It and Others Don't.* New York: Collins Business, 2010.
［ジェフリー・フェファー著『「権力」を握る人の法則』（村井章子訳、日本経済新聞出版社、2011 年）］
・ Robbennolt, Jennifer K. "Apologies and Legal Settlement: An Empirical Examination." *Michigan Law Review* 102, no. 3 (2003): 460–516. doi: 10.2307/3595367.
・ Rumi. *The Essential Rumi*. Translated by Coleman Barks. San Francisco: Harper, 1995.
・ Scharmer, C. Otto. *Theory U: Leading from the Future as It Emerges*. San Francisco: Berrett-Koehler, 2009.
［C・オットー・シャーマー著『U 理論――過去や偏見にとらわれず、本当に必要な「変化」を生み出す技術』（中土井僚、由佐美加子訳、英治出版、2010 年）］
・ Schumann, Karina. "An Affirmed Self and a Better Apology: The Effect of Self-Affirmation on Transgressors' Responses to Victims." *Journal of Experimental Social Psychology* 54 (2014): 89–96. doi: 10.1016/j.jesp.2014.04.013.
・ Senge, Peter M. *The Fifth Discipline: The Art and Practice of the Learning Organization.* New York: Doubleday/Currency, 1990.
［ピーター・M・センゲ著『学習する組織――システム思考で未来を創造する』（枝廣淳子、小田理一郎、中小路佳代子訳、英治出版、2011 年）］
・ Senge, Peter, Hal Hamilton, and John Kania. "The Dawn of System Leadership." *Stanford Social Innovation Review,* Winter 2015. https://ssir.org/articles/entry/the_dawn_of_system_leadership.
・ Shah, Idries. "How to Catch Monkeys." *In Tales of the Dervishes: Teaching-Stories of the Sufi Masters over the Past Thousand Years,* 29–30. London: Octagon Press, 1982.
［イドリース・シャー編著『スーフィーの物語――ダルヴィーシュの伝承』（美沢

バード流交渉術』（金山宣夫、浅井和子訳、阪急コミュニケーションズ、1998 年）]
- Fowler, Susan. *Why Motivating People Doesn't Work . . . and What Does.* San Francisco: Berrett-Koehler, 2014.
- Frankl, Viktor E. *Man's Search for Meaning.* Boston: Beacon Press, 2006. [ヴィクトール・E・フランクル著『夜と霧【新版】』（池田香代子訳、みすず書房、2002 年）]
- Fritz, Robert. *The Path of Least Resistance: Learning to Become the Creative Force in Your Own Life.* New York: Ballantine, 1989.
- Grant, Gabriel B. "Transforming Sustainability." *Journal of Corporate Citizenship* 2012, no. 46, 123–137. doi: 10.9774/gleaf.4700.2012.su.00008.
- Haidt, Jonathan. *The Righteous Mind: Why Good People Are Divided by Politics and Religion.* New York: Pantheon Books, 2012. [ジョナサン・ハイト著『社会はなぜ左と右にわかれるのか――対立を超えるための道徳心理学』（高橋洋訳、紀伊國屋書店、2014 年）]
- Hawken, Paul. *The Ecology of Commerce: A Declaration of Sustainability.* New York: Harper Business, 1993. [ポール・ホーケン著『サステナビリティ革命――ビジネスが環境を救う』（鶴田栄作訳、ジャパンタイムズ、1995 年）]
- Kador, John. *Effective Apology: Mending Fences, Building Bridges, and Restoring Trust.* San Francisco: Berrett-Koehler, 2009.
- Kahan, Dan M., Hank Jenkins-Smith, and Donald Braman. "Cultural Cognition of Scientific Consensus." SSRN *Electronic Journal.* doi:10.2139/ssrn.1549444.
- Kegan, Robert, and Lisa Laskow Lahey. *How the Way We Talk Can Change the Way We Work: Seven Languages for Transformation.* San Francisco: Jossey-Bass, 2001. [ロバート・キーガン、リサ・ラスコウ・レイヒー著『あの人はなぜウンと言わないのか――自分を変える。組織を変える。』（松井光代、岡本さだこ訳、朝日新聞社、2002 年）]
- "Uncovering the Immunity to Change." Chap. 2 in *Immunity to Change: How to Overcome It and Unlock the Potential in Yourself and Your Organization.* Boston: Harvard Business Press, 2009. [ロバート・キーガン、リサ・ラスコウ・レイヒー著『なぜ人と組織は変われないのか――ハーバード流 自己変革の理論と実践』第二章「問題をあぶり出す免疫マップ」（池村千秋訳、英治出版、2013 年）]
- Kludt, Tom. "Mike Pence Appears at Odds with Trump on Climate Change." CNN. September 27, 2016. http://edition.cnn.com/videos/politics/2016/09/27/mike-pence-donald-trump-climate-change-newday.cnn
- Lakoff, George. *The All New Don't Think of an Elephant!: Know Your Values and Frame the Debate.* White River Junction, VT: Chelsea Green Publishing, 2014.
- Lyle, John Tillman. *Regenerative Design for Sustainable Development.* New York: John Wiley, 1994.
- Machiavelli, Niccolò. *The Prince.* Translated by W. K. Marriott. Chicago: Encyclopedia Britannica, 1955.
- "The Monkey Trap Is Not a Lemmings Myth." YouTube, posted by Russell Wright.

参考文献

・Alinsky, Saul. *Rules for Radicals: A Practical Primer for Realistic Radicals.* New York: Vintage Books, 1989.
［アリンスキー著『市民運動の組織論』（長沼秀世訳、未来社、1972年）］
・Anderson, Ray C. *Confessions of a Radical Industrialist: Profits, People, Purpose—Doing Business by Respecting the Earth.* With Robin A. White. New York: St. Martin's Press, 2009.*Mid-Course Correction: Toward a Sustainable Enterprise: The Interface Model.* Atlanta: Peregrinzilla Press, 1998.
・Argyris, Chris. *Teaching Smart People How to Learn.* Boston: Harvard Business Press, 2008.
・Bashir, Nadia Y., Penelope Lockwood, Alison L. Chasteen, Daniel Nadolny, and Indra Noyes. "The Ironic Impact of Activists: Negative Stereotypes Reduce Social Change Influence." *European Journal of Social Psychology* 43, no. 7 (2013): 614–626. doi: 10.1002/ejsp.1983.
・"Carl the Cuck Slayer vs Van Jones." Van Jones interview by Owen Shroyer. YouTube. Posted by TheInfowarrior. July 21, 2016. https://www.youtube.com/watch?v=sjtENUXgZIY.
・Cialdini, Robert B. *Influence: The Psychology of Persuasion.* New York: Collins, 2007.
［ロバート・B・チャルディーニ著『影響力の正体』（岩田佳代子訳、SBクリエイティブ、2013年）］
・Crowell, Steven. "Existentialism." *Stanford University Encyclopedia of Philosophy.* August 23, 2004. Accessed November 13, 2016. http://plato.stanford.edu/entries/existentialism/#Aut.
・Ehrenfeld, John, R., and Andrew J. Hoffman. *Flourishing: A Frank Conversation about Sustainability*. Stanford, CA: Stanford Business Books, 2013.
・Erhard, Werner H., Michael C. Jensen, and Kari L. Granger. "Creating Leaders: An Ontological/Phenomenological Model." Chap. 16 in *The Handbook for Teaching Leadership: Knowing, Doing, and Being*, edited by Scott A. Snook, Nitin Nohria, and Rakesh Khurana. Thousand Oaks, CA: SAGE Publications, 2012. Abstract available at SSRN, https://ssrn.com/abstract=1681682.
・Ehrenfeld, John R. *Flourishing by Design.* Accessed November 13, 2016. http://www.johnehrenfeld.com/.
・Esty, Daniel C., and Andrew S. Winston, *Green to Gold: How Smart Companies Use Environmental Strategy to Innovate, Create Value, and Build Competitive Advantage.* New Haven, CT: Yale University Press, 2006.
［ダニエル・C・エスティ、アンドリュー・S・ウィンストン著『グリーン・トゥ・ゴールド――企業に高収益をもたらす「環境マネジメント」戦略』（村井章子訳、アスペクト、2008年）］
・Fisher, Roger, William Ury, and Bruce Patton. *Getting to Yes: Negotiating Agreement without Giving In.* New York: Penguin Books, 1991.
［ロジャー・フィッシャー、ウィリアム・ユーリー、ブルース・パットン著『ハー

3. John Tillman Lyle, *Regenerative Design for Sustainable Development* (New York: John Wiley, 1994); John R. Ehrenfeld and Andrew J. Hoffman, *Flourishing: A Frank Conversation about Sustainability* (Stanford, CA: Stanford Business Books, 2013); and Yossi Sheffi, *The Power of Resilience: How the Best Companies Manage the Unexpected* (Cambridge, MA: MIT Press, 2015).
4. このワード・クラウドはワークショップ参加者たちの回答から作成した。文字の大きさは回答頻度に比例している。
5. Rumi, *The Essential Rumi*, trans. Coleman Barks (San Francisco: Harper, 1995).
6. John R. Ehrenfeld, *Flourishing by Design*, http://www.johnehrenfeld.com/.
7. Peter Senge, Hal Hamilton, and John Kania, "The Dawn of System Leadership," *Stanford Social Innovation Review,* Winter 2015, https://ssir.org/articles/entry/the_dawn_of_system_leadership.

doi:10.2307/3595367 参照
3. この心理的なメリットについては研究で実証されている。謝らないことで、自分が状況をコントロールしているという感覚や自信を持つことができる。Tyler G. Okimoto, Michael Wenzel, and Kyli Hedrick, "Refusing to Apologize Can Have Psychological Benefits (and We Issue No Mea Culpa for This Research Finding)," *European Journal of Social Psychology* 43, no.1(2012): 22-31, doi: 10.1002/ejsp.1901 参照。
4. ガブリエルは新しいリーダーたちが、独自の力を活かしてそれぞれのコミュニティ内で創造的な取り組みを進める後押しをするべく、バイロン・フェローシップ・エデュケーショナル・ファンデーションを共同設立した（www.byronfellowship.org）。

第7章

1. イェール大学文化的認知プロジェクト（Cultural Cognition Project）のダン・カハンは、価値観やイデオロギーが技術や環境的リスクに対する人びとの認識を形作る様子を明らかにしている。保守派は気候変動のリスクを低く見積もる傾向にあり、リベラルは原子力や銃を隠して携行するリスクを過剰に見積もる傾向がある。Dan M. Kahan, Hank Jenkins-Smith, and Donald Braman, "Cultural Cognition of Scientific Consensus," *SSRN Electronic Journal,* doi: 10.2139/ssrn.1549444.
2. ジョナサン・ハイトの『社会はなぜ左と右にわかれるのか』は素晴らしい情報源で、数十年におよぶ文化・政治心理学の研究に基づいて、読者を政治や道徳の感情的、文化的、進化論的基盤の探究へ導く。Jonathan Haidt, *The Righteous Mind: Why Good People Are Divided by Politics and Religion* (New York: Pantheon Books, 2012). ジョナサン・ハイト著『社会はなぜ左と右にわかれるのか』（高橋洋訳、紀伊國屋書店、2014年）
3. "Carl the Cuck Slayer vs Van Jones," Van Jones interview by Owen Shroyer, YouTube, posted by TheInfowarrior, July 21, 2016, https://www.youtube.com/watch?v=sjtENUXgZIY.
4. グラフは単純化して、実際の投資管理の場面よりも大まかな項目にしている。

第8章

1. Tom Kludt, "Mike Pence Appears at Odds with Trump on Climate Change," CNN, September 27, 2016, http://edition.cnn.com/videos/politics/2016/09/27/mike-pence-donald-trump-climate-change-newday.cnn.
2. 創造的緊張関係という概念については、ピーター・センゲの『学習する組織』や、それ以後の関連書が参考になる。Peter M. Senge, *The Fifth Discipline: The Art and Practice of The Learning Organization* (New York: Doubleday/Currency, 1990). ピーター・M・センゲ著『学習する組織——システム思考で未来を創造する』（枝廣淳子、小田理一郎、中小路佳代子訳、英治出版、2011年）。センゲと彼のチームにインスピレーションを与えたロバート・フリッツの仕事も参照のこと。Robert Fritz, *Path of Least Resistance: Learning to Become the Creative Force in Your Own Life* (New York: Ballantine, 1989).

October 13, 2011, https://www.youtube.com/watch?v=oAyU6wZ_ZUg.

5. ロバート・キーガン、リサ・ラスコウ・レイヒー著『なぜ人と組織は変われないのか』第二章「問題をあぶり出す免疫マップ」
6. なぜ人は組織のなかでのフィードバックや学習に抵抗感を持つのかを研究するクリス・アージリスも、似たような原因のリストを挙げている。人は主導権を握り、勝ち分を最大化し、ネガティブな感情を抑え、自分は物事を分かっているのだという態度を取りたがる。Chris Argyris, *Teaching Smart People How to Learn* (Boston: Harvard Business Press, 2008).

第5章

1. そうする代わりに、誰もが内発的に動機づけられているのだと考え、自分や周りの内発的な動機を探っていこう。この旅のサポートには、Susan Fowler's *Why Motivating People Doesn't Work . . . and What Does* (San Francisco: Berrett-Koehler, 2014). スーザン・ファウラー著『会社でやる気を出してはいけない』(遠藤康子訳、サンクチュアリ出版、2017年) を参照。
2. ポジティブな精神とより良い世界の創造の関連をさらに詳しく探究するなら、Gabriel B. Grant, "Transforming Sustainability," *Journal of Corporate Citizenship* 2012, no.46, 123-137, doi:10.9774/gleaf.4700.2012.su.00008 を参照。
3. C. Otto Scharmer, *Theory U: Leading from the Future as It Emerges* (San Francisco: Berrett-Koehler, 2009).C・オットー・シャーマー著『U理論――過去や偏見にとらわれず、本当に必要な「変化」を生み出す技術』(中土井僚、由佐美加子訳、英治出版、2010年)
4. エクササイズ17の瞑想についてはバレット・ブラウンに感謝する。彼は2014年のフローリッシュ・アンド・プロスパー・カンファレンスで、ワークショップに向けた最初のバージョンとなる瞑想を作り上げてくれた。
5. このワードクラウドはワークショップ参加者たちの回答から作成した。文字の大きさは回答頻度に比例している。
6. C・オットー・シャーマー著『U理論――過去や偏見にとらわれず、本当に必要な「変化」を生み出す技術』

第6章

1. 効果的な謝罪が含む要素についての、研究者による検証済みの調査に関しては Karina Schumann, "An Affirmed Self and a Better Apology: The Effect of Self-Affirmation on Transgressors' Responses to Victims," Journal of Experimental Social Psychology 54(2014): 89-96, doi: 10.1016/j.jesp.2014.04.013 を参照。

   効果的な謝罪の見事なガイドブックとしては、John Kador, *Effective Apology: Mending Fences, Building Bridges, and Restoring Trust* (San Francisco: Berrett-Koehler, 2009). ジョン・ケイドー著『生き残るためのあやまり方――ビジネスや人生の失敗を成功に導く、最良の5ステップ』(上原裕美子訳、主婦の友社、2010年) を参照。
2. 心半分の謝罪が裏目に出る可能性もある。前進を目指すなら心からの謝罪をしよう。Jennifer K. Robbennolt, "Apologies and Legal Settlement: An Empirical Examination," *Michigan Law Review* 102, no.3(2003): 460-516,

る。Robert Kegan and Lisa Laskow Lahey, "Uncovering the Immunity to Change," chap.2 in *Immunity to Change: How to Overcome It and Unlock the Potential in Yourself and Your Organization* (Boston: Harvard Business Press, 2009). ロバート・キーガン、リサ・ラスコウ・レイヒー著『なぜ人と組織は変われないのか』第二章「問題をあぶり出す免疫マップ」（池村千秋訳、英治出版、2013年）

3. このワード・クラウドはワークショップ参加者たちの回答から作成した。文字の大きさは回答頻度に比例している。
4. Nadia Y. Bashir et al., "The Ironic Impact of Activists: Negative Stereotypes Reduce Social Change Influence," *European Journal of Social Psychology* 43, no.7 (2013): 614-626, doi: 10.1002/ejsp.1983.

第4章

1. Saul D. Alinsky, *Rules for Radicals: A Practical Primer for Realistic Radicals* (New York: Vintage Books, 1989). ソウル・アリンスキー著『市民運動の組織論』（長沼秀世訳、未来社、1972年）
2. 落とし穴のモデルは、エサやペイオフや二次的利得を特定するための手助けとなる様々な内省モデルから着想を得た。ひとつめは発達心理学者のキーガンとレイヒーによる「改善目標」と「裏の目標」のモデルだ。このモデルについては『あの人はなぜウンと言わないのか――自分を変える。組織を変える。』や『なぜ人と組織は変われないのか』で知ることができる。

   ふたつめは、人は現状を維持することで実は密かに見返りを得ているという考え方だ。Steve Zaffron and Dave Logan, *The Three Laws of Performance: Rewriting the Future of Your Organization and Your Life* (San Francisco: Jossey-Bass, 2009). スティーヴ・ザフロン、デイヴ・ローガン著『パフォーマンスアップ3つの法則――組織と個人の成果にブレークスルーを起こす法』（翻訳協力：株式会社トランネット、ダイレクト出版、2011年）

   『ダイアローグスマート 肝心なときに本音で話し合える対話の技術』も、同じような見返りについて記された本としておすすめだ。私たちは集団としても陥るというところに焦点をあて、落とし穴という新しい比喩を使った――より良い世界を目指して活動する人びとにはよく見られる落とし穴で、コミュニティや運動内のメンバーたちが共通の落とし穴に陥ることも多い。Kerry Patterson et al., *Crucial Conversations: Tools for Talking When Stakes Are High* (New York: McGraw-Hill, 2012). ケリー・パターソン、ジョセフ・グレニー、ロン・マクミラン、アル・スウィツラー著『ダイアローグスマート――肝心なときに本音で話し合える対話の技術』（本多佳苗、千田彰訳、幻冬舎ルネッサンス、2010年）
3. Idries Shah, "How to Catch Monkeys," in *Tales of the Dervishes: Teaching-Stories of the Sufi Masters over the Past Thousand Years* (London: Octagon Press, 1982). イドリース・シャー編著『スーフィーの物語――ダルヴィーシュの伝承』「猿の捕まえ方」（美沢真之助訳、平河出版社、1996年）
4. ハンターの罠にはまる猿の動画というのは必ずしも誰もが観て楽しいものではない。さいわいなことに、この動画のハンターの目的は、塩分のある食べ物で猿を捕まえ、それから逃がして後を追い、湧き水のある場所まで導いてもらうことだ。"The Monkey Trap Is Not A Lemmings Myth," YouTube, posted by Russell Wright,

8. George Lakoff, *The All New Don't Think of an Elephant!: Know Your Values and Frame the Debate* (White River Junction, VT: Chelsea Green Publishing, 2014).

第2章

1. *Oxford Dictionaies,* s.v. "authentic," accessed April 10, 2016, https://en.oxforddictionaries.com/definition/authentic.
2. 私たちは犬が好きだ。冗談半分に、イェール大学産業エコロジーセンターの学生として、ジェイソンは彼の飼い犬デルフトが食べたドッグフードの環境への負荷を、ライフサイクル分析ソフトウェア「SimaPro」を使って概算した。デルフトのドッグフードの環境コストは、ハイブリッド車シビックをハマーに乗り換えるに等しいものだった。そして数年後の現在、ジェイソンとガブリエルには、それぞれ二人の子供と犬がいる。二人の子供と大きな犬一匹だとセダンではなくSUVやバンを運転することが多くなり、それも私たちの犬の環境への負荷を高めている。若き環境保護論者だった頃、私たちは犬は善いもので、SUVは悪いものだと考えていた。世界はそれよりも複雑なようだ。
3. 動的・静的なオーセンティシティという考え方は、実存主義哲学から着想を得た。その現実の世における探究についてはヴィクトール・フランクルの『夜と霧』などで描かれているが、そこでは次のように記されている。「たったひとつ、あたえられた環境でいかに振る舞うかという、人間としての最後の自由だけは奪えない」Victor E. Frankl, *Man's Search for Meaning* (Boston: Beacon Press, 2006). ヴィクトール・E・フランクル著『夜と霧【新版】』(池田香代子訳、みすず書房、2012年)。

   実存主義の「authentic」や「あり方」に対する考えについては、Steven Crowell, "Existentialism," *Stanford University Encyclopedia of Philosophy*, August 23, 2004, http://plato.stanford.edu/entries/existentialism/#Aut.
4. *Oxford Dictionaries,* s.v. "authentic."
5. Werner H. Erhard, Michael C. Jensen, and Kari L. Granger, "Creating Leaders: An Ontological/Phenomenological Model," chap. 16 in *The Handbook for Teaching Leadership: Knowing, Doing, and Being*, eds. Scott Snook, Nitin Nohria, and Rakesh Khurana (Thousand Oaks, CA: SAGE Publications, 2012). 概要はSSRNで閲覧できる。 https://papers.ssrn.com/abstract=1681682

第3章

1. より良い世界を目指すなかでの「あり方」あるいは「存在論」の探究は、まったく新しいものではない。精神分析家のエーリッヒ・フロムは、西洋人が「あり方」よりも「持つこと」に集中してしまうことが、個人としての繁栄と、人類のサステナビリティにとっての難題だと説いた。近年、学者のジョン・エーレンフェルトとイザベル・リマノクジーは、「行動」よりも「あり方」を重視することが、より良い世界の創造を目指すリーダーたちにとって重要な意識改革になるとしている。
2. ロバート・キーガンとリサ・レイヒーの著作、特に『なぜ人と組織は変われないのか』を参照。そこでは内省や自己修養のさらなるツールやプロセスが提供されてい

原注

第1章

1. このエピソードを初めて聞いたのはハーバード・ケネディスクールのマーシャル・ガンツからで、彼はセザール・チャベスの運動に携わった経験を持ち、のちにその経験を活かしてバラク・オバマの一度目の大統領選で組織者たちを指導した。本書で記したエピソードは、Jeffrey David Stauch, *Effective Frontline Fundraising: A Guide for Nonprofits, Political Candidates, and Advocacy Groups* (Berkeley, CA: Apress, 2011) より。
2. Paul Hawken, *The Ecology of Commerce: A Declaration of Sustainability* (New York: Harper Business, 1993). ポール・ホーケン著『サステナビリティ革命――ビジネスが環境を救う』（鶴田栄作訳、ジャパンタイムズ、1995 年）
3. レイ・アンダーソンについては彼の著作でさらに知ることができる。*Mid-Course Correction: Toward a Sustainable Enterprise: The Interface Model* (Atlanta: Peregrinzilla Press, 1998); and *Confessions of a Radical Industrialist: Profits, People, Purpose: Doing Business by Respecting the Earth*, with Robin White (New York: St.Martin's Press, 2009).
4. 検索エンジンや SNS が「関連性」をもとにコンテンツをフィルタリングするためのアルゴリズムは、各人の好みに合わせたニュースや意見ばかりを表示することによって、この現象を助長している。詳しくは Eli Paiser, *The Filter Bubble: What the Internet Is Hiding from You* (New York: Penguin Press, 2011). イーライ・パリサー著『閉じこもるインターネット――グーグル・パーソナライズ・民主主義』（井口耕二訳、早川書房、2012 年）
5. その古典にはマキャヴェッリの『君主論』や孫武『孫子』などがある。しかし多くの書き手たちは、そうした教えを現代の影響力や権力をめぐる心理学の研究を援用して現代の文脈に適用している。Jeffrey Pfeffer, P*ower: Why Some People Have It and Others Don't* (New York: Collins Business, 2010) ジェフリー・フェファー著『「権力」を握る人の法則』（村井章子訳、日本経済新聞出版社、2011 年）; Robert B. Cialdini, *Influence: The Psychology of Persuasion* (New York: Collins, 2007). ロバート・B・チャルディーニ著『影響力の正体――説得のカラクリを心理学があばく』（岩田佳代子訳、SB クリエイティブ、2013 年）
6. Roger Fisher, William Ury and Bruce Patton, *Getting to Yes: Negotiating Agreement Without Giving In* (New York: Penguin Books, 1991). ロジャー フィッシャー、ウィリアム・ユーリー、ブルース・パットン著『ハーバード流交渉術』（金山宣夫、浅井和子訳、阪急コミュニケーションズ、1998 年）の BATNA（Best Alternative To a Negotiated Agreement/ 交渉決裂時の最善の代替案）などの概念を参照。
7. Daniel C. Esty and Andrew S. Winston. *Green to Gold: How Smart Companies Use Environmental Strategy to Innovate, Create Value, and Build Competitive Advantage* (New Haven, CT: Yale University Press, 2006). ダニエル・C・エスティ、アンドリュー・S・ウィンストン著『グリーン・トゥ・ゴールド――企業に高収益をもたらす「環境マネジメント」戦略』（村井章子訳、アスペクト、2008 年）

● 著者

ジェイソン・ジェイ

Jason Jay

MIT スローン経営大学院の上級講師。同大学院のサステナビリティ・イニシアティブのディレクター。毎年何百人ものリーダーに向けて、サステナブルなビジネスのための戦略とイノベーションに関する講座をしてきた。心理学学士、教育学修士（ハーバード大学）、組織研究学博士（MIT）。過去には IT 関連の起業、幼稚園で教えていた経験も。ボストン在住。

ガブリエル・グラント

Gabriel Grant

Human Partners 社 CEO として様々な企業の組織開発に携わってきた。バイロン教育基金共同創設者でもある。これまで 150 を超える主要企業の 1000 人を超えるリーダーや世界的な変革者に研修を提供してきた。物理学学士、生態システム工学修士（パデュー大学）、リーダーシップとサステナビリティ学修士（イェール大学）。シアトル在住。

● 訳者

樋口 武志

Takeshi Higuchi

1985 年福岡生まれ。早稲田大学国際教養学部卒。訳書に『異文化理解力』（英治出版）、共訳書に『サリンジャー』（KADOKAWA）、『ぼくらの時代の本』（ボイジャー）、字幕翻訳に『ミュータント・ニンジャ・タートルズ：影＜シャドウズ＞』など。

● 英治出版からのお知らせ
本書に関するご意見・ご感想を E-mail(editor@eijipress.co.jp)で受け付けています。
また、英治出版ではメールマガジン、ブログ、ツイッターなどで新刊情報やイベント情報を配信しております。ぜひ一度、アクセスしてみてください。

メールマガジン：会員登録はホームページにて
ブログ　：www.eijipress.co.jp/blog
ツイッターID　：@eijipress
フェイスブック　：www.facebook.com/eijipress

なぜこの人はわかってくれないのか
対立を超える会話の技術

発行日　2018年 3月7日　第1版　第1刷
著者　ジェイソン・ジェイ、ガブリエル・グラント
訳者　樋口武志（ひぐち・たけし）
発行人　原田英治
発行　英治出版株式会社
〒150-0022 東京都渋谷区恵比寿南1-9-12 ピトレスクビル4F
電話　03-5773-0193　FAX　03-5773-0194
http://www.eijipress.co.jp/
プロデューサー　安村侑希子
スタッフ　原田涼子　高野達成　藤竹賢一郎　山下智也　鈴木美穂
下田理　田中三枝　平野貴裕　上村悠也　山本有子
渡邉吏佐子　中西さおり　関紀子
印刷・製本　中央精版印刷株式会社
校正　株式会社ヴェリタ
装丁　大森裕二

ISBN978-4-86276-254-2　C0034　Printed in Japan